商务英语在电商市场细分与定位中的语言服务研究

徐宏幸 崔文娟◎著

中国商业出版社

图书在版编目（CIP）数据

商务英语在电商市场细分与定位中的语言服务研究 / 徐宏幸，崔文娟著. -- 北京：中国商业出版社，2025.5. -- ISBN 978-7-5208-3431-5

Ⅰ．F713.36

中国国家版本馆CIP数据核字第2025CN2091号

责任编辑：滕　耘

中国商业出版社出版发行

（www.zgsycb.com　　100053　北京广安门内报国寺1号）

总编室：010-63180647　编辑室：010-83118925

发行部：010-83120835/8286

新华书店经销

优彩嘉艺(北京)数字科技有限公司印刷

*

710毫米×1000毫米　16开　9.75印张　170千字

2025年5月第1版　2025年5月第1次印刷

定价：60.00元

****

（如有印装质量问题可更换）

前言

在全球化进程日益加快的背景下，电子商务作为现代商业活动的重要组成部分，正经历着前所未有的变革与发展。这一变革不仅在于技术手段的革新，也在于商业语言的广泛应用与创新。在此背景下，商务英语作为沟通与连接全球市场的重要工具，扮演着越来越重要的角色。本书正是基于这一现实需求而作，旨在探索商务英语如何在电商领域更为有效地发挥其应有的作用。

随着电商市场的快速扩张，市场细分与定位成为企业制定竞争策略的核心任务。在这一过程中，商务英语不仅是交流的手段，更是塑造品牌形象、传递营销信息、促进客户互动的抓手。本书立足电商市场的多变特性，通过分析商务英语在市场细分过程中的应用，揭示其对市场策略的深远影响。我们讨论了电商企业如何利用商务英语来识别客户群体特征、细分市场需求以及实施差异化策略，从而提升企业在全球市场中的竞争力。

在市场定位方面，商务英语的战略性应用尤为关键。品牌的国际化形象、营销内容的精准对接以及沟通障碍的有效解决，都是企业在国际市场上立足的关键因素。通过对成功与失败案例的分析，本书深入探讨了商务英语如何在提升品牌竞争力和市场占有率方面发挥不可替代的作用。

此外，本书特别重视高校在培养电商商务英语人才方面的作用。课程体系的优化、高校与电商企业之间的合作以及人才培养机制的创新等，都是本书关注的重点之一。我们相信，高效的人才培养体系是推动电商行业国际化发展的重要保障。

本书在力求学术严谨性的同时，也注重内容的可读性和操作性。希望本书不仅能为学界提供有益的参考，也能为业界实践者带来一些创新性的思考与启示。

由于作者水平有限，书中内容难免存在疏漏与不足，衷心希望广大读者批评指正，以期在今后的研究和写作中不断改进与提升。

目录

第一章　绪论 ... 1
　第一节　本书研究背景 ... 1
　第二节　国内外商务与电商语言服务研究现状综述 ... 6
　第三节　研究方法、技术路线与商务视角 ... 11

第二章　电商市场细分与商务英语 ... 17
　第一节　市场细分概述 ... 17
　第二节　电商市场细分的特性与挑战 ... 22
　第三节　商务英语在电商市场细分中的核心角色与价值 ... 28
　第四节　商务英语能力对电商市场细分策略的影响 ... 33
　第五节　电商市场细分实践中的商务英语应用 ... 38

第三章　电商市场定位与商务英语 ... 44
　第一节　市场定位概述 ... 44
　第二节　基于商务英语的品牌国际化形象塑造与传播 ... 49
　第三节　商务视角下的市场定位案例分析 ... 55

第四章　商务英语语言服务在电商中的需求分析 ... 59
　第一节　电商消费者的商务英语需求特征 ... 59

第二节　电商平台对商务英语服务的高标准要求 ·················· 64

第三节　电商企业的商务英语服务需求综合评估 ·················· 70

第四节　商务英语语言服务与国际用户体验的提升 ················ 76

第五节　语言服务成本与国际市场效益的平衡 ···················· 79

第五章　商务英语在电商市场细分中的深入应用 ················ 85

第一节　商务英语能力与电商市场细分 ·························· 85

第二节　商务英语与产品国际化开发和营销 ······················ 90

第三节　商务英语与客服团队和售后服务 ························ 94

第四节　商务英语与消费者行为分析 ···························· 100

第五节　商务英语与电商市场调研 ······························ 103

第六节　商务英语与竞争对手分析 ······························ 107

第六章　商务英语在电商市场定位中的高级策略与实践 ·········· 111

第一节　品牌命名与标语的国际化设计 ·························· 111

第二节　国际化内容创作与优化策略 ···························· 113

第三节　广告策划与全球促销活动 ······························ 117

第七章　高校在电商商务英语人才培养中的角色与创新路径 ······ 121

第一节　高校教育与电商商务英语需求的精准对接 ················ 121

第二节　高校电商商务英语课程体系的系统构建 ·················· 125

第三节　高校与电商企业的商务英语人才培养合作机制 ············ 131

第四节　高校学生商务英语能力提升的综合路径 ·················· 135

第五节　高校电商商务英语人才培养的评估与反馈机制 ············ 139

第六节　高校在电商商务英语人才培养中的创新实践 ·············· 143

参考文献 ·· 149

第一章 绪 论

第一节 本书研究背景

一、研究背景的历史与现状

商务英语在电商市场细分与定位中的语言服务研究是一个具备多重学科背景的课题，涉及语言学、市场营销、电子商务以及国际贸易等多个领域。理解其研究背景，需要从商务英语的历史演变和电商行业的发展现状两个维度展开，以便明确其在现代市场经济中的重要性及其在全球商业活动中的独特价值。

商务英语作为一种特殊用途的英语，起源于 20 世纪初，伴随着全球商业活动的扩大和国际贸易的蓬勃发展而逐步形成。最初，商务英语主要集中在国际贸易领域，以帮助非英语国家的商业人士与母语为英语的商人进行交流。随着经济全球化的深化与信息技术的迅猛发展，英语已成为国际商务交流的主导语言。这种变化为学习和掌握商务英语的人带来了前所未有的机遇与挑战。因此，从历史的角度来看，商务英语的演变是全球化经济的必然产物，其主要任务是促进商业交流，提高沟通效率和契约履行，从而推动国际商业活动的顺利进行。

与此同时，电商在过去的 20 年间以惊人的速度发展，其市场细分和定位也变得愈加重要。电商作为一种通过网络进行商品和服务交易的新型商业模式，不仅改变了传统的消费方式，同时也对市场营销策略、客户管理以及供应链管理等提出了全新的要求。电商的蓬勃发展使得市场竞争更加激烈，而精准的市场细分与有效的市场定位成为企业取得竞争优势的关键。不同于传统市场，电商市场更具有全球化特征，消费者有着不同的文化背景、使用不同的语言，这也为商务英语提供了用武之地。

在这样的背景下，商务英语在电商市场中的应用不仅限于商品的简单交易环节，更扩展到品牌建设、客户服务、市场推广等各个方面。语言服务在电商市场细分与定位中扮演着不可或缺的角色，将商务信息有效地传达给目标消费者，同时确保客户需求得到及时反馈。这种双向沟通的能力是商务英语在电商行业价值所在的关键。

结合历史与现状，商务英语在电商领域的研究首先关注的是如何利用商务英语在不同的文化背景下跨越语言障碍，确保信息传递的准确和高效。面对多样化和复杂化的市场，企业需要通过精准的语言服务以迎合不同市场的消费者偏好和文化习惯。这不仅要求语言服务提供商具备优秀的语言翻译能力，还需要深入理解目标市场的文化背景和消费行为，以实现语言服务的真正"本地化"，这也是市场细分策略中至关重要的一环。

在现阶段电商快速扩张的市场中，商务英语语言服务的重要性日益凸显。企业通过语言服务将多元化的市场需求转化为战略步骤，在实现销售转化的同时，也推动了品牌的国际化进程。在电商市场细分与定位的研究中，商务英语的角色变得更加多元，它不再仅是传播介质，更是市场竞争力和企业形象的展现。通过融合语言服务，企业不仅能够实现有效的市场细分，还可以在激烈的市场竞争中立于不败之地。

观察到这样的历史演变和现状变化，研究商务英语在电商市场中的应用不但具有学术价值，还具备显著的商务影响和经济意义。电商企业通过科学的市场细分和精准的市场定位，借助商务英语有效拓展全球市场份额，实现企业的跨越式增长。与此同时，这种研究也能够帮助企业更深层次地理解自身产品在全球不同市场的接受度，以便调整战略，优化资源配置并提升整个供应链的效率与效益。

二、研究背景的行业发展趋势

近年来，随着全球化的深入发展和互联网技术的快速进步，电商市场经历了一场深刻的变革。这种变革不仅体现在销售渠道和交易方式的转变上，同时也引发了市场细分与定位策略的变化趋势。

首先，电商市场的增长速度极为迅猛。相关数据显示，全球电商市场规模呈现出年均两位数的增长速度，尤其是在新兴市场，互联网普及和移动设备的广泛使用推动了在线消费的高速增长。同时，成熟市场的电商企业也不断通过技术创新及服务优化来提升市场份额，增加消费者黏性。此外，新冠疫情的暴发，更是加速了各国消费者购物习惯的线上化转型，无疑进一步推动了电商市场的扩大。

随着市场规模的扩大，电商企业逐渐认识到市场细分与精准定位的重要性。由于互联网降低了信息不对称，使得消费者能够便捷地比对各类商品和服务，传统的"一刀切"的市场策略已不再能够满足多样化的需求。通过数据分析和消费者画像，企业能够将目标市场细分为多个具有唯一需求和偏好的子市场，并针对不同细分市场提供差异化的产品和服务。这一过程不仅提高了客户满意度，也在很大程度上增强了市场竞争力。

在电子商务领域，行业发展趋势正朝着更加精准、个性化和用户导向的方向演进。人工智能和大数据技术的广泛应用，为电商企业提供了有力工具，以支持市场细分和定位策略的实施。通过对消费者行为进行细致的分析，电商企业能够了解消费者的购物习惯、偏好和需求，进而提供个性化推荐、定制化服务以及精准的营销信息。这种大规模的个性化服务，不仅能够提升用户体验，同时也能够提高销售转化率，成为企业提升竞争力的重要手段。

值得注意的是，随着市场的扩大，新的进入者不断涌现，不仅有传统品牌纷纷转型线上，还有大量新兴在线品牌不断涌现，为市场带来了活力和创新，这同时也使得市场竞争趋于白热化。为了在竞争中脱颖而出，电商企业必须不断进行自我创新，优化供应链管理，提升数字化营销能力，甚至进行跨行业、跨国界的合作与整合，以强化其市场定位和服务能力。

在全球化发展的驱动下，跨境电商的发展具有显著的行业趋势。随着国际贸易壁垒的降低和物流网络的完善，越来越多的企业开始考虑国际市场的拓展。通过跨境电商平台，企业可以将产品销往全球，这不仅扩展了市场空间，也带来了新的机遇与挑战。在此过程中，语言服务和交流变得尤为重要，不同国家与地区消费者的文化差异和语言差异要求企业在产品描述、客户服务和营销策略上给予充分的重视，从而实现本地化发展，提高国际市场竞争力。

同时，环境保护和可持续发展的趋势也在电商行业中体现得越来越明显。越来越多的消费者开始关注企业是否践行可持续发展理念，这种趋势推动了绿色消费的兴起。为了获取这一细分市场的关注和认可，电商企业在推广中必须考虑产品的环境影响、生产过程的可持续性，以及在物流配送时的碳排放等方面作出实质性的努力。通过这些措施，企业不仅能履行社会责任，还能够提高品牌形象，实现长久发展。

伴随着技术的发展，电子商务行业还呈现出向社交化、娱乐化方向发展的趋势。越来越多的电商平台通过整合社交媒体功能，为用户提供互动性更强的购物体验。视频直播、社群营销、互动评论等方式的应用，使得消费者不再仅仅是被动地接收信息，而是主动参与到产品的生产和传播中，这些新型购物模式提升了用户参与感和体验满意度。社交电商的崛起，使得企业可以通过用户之间的分享和推荐，更加精准地细分市场和定位消费群体。

此外，技术的进步以及人们对隐私保护意识的增强，也对电商市场的细分与定位产生了深远影响。在大数据应用中，如何在保护用户隐私的前提下进行有效的数据分析，成为一项新的挑战。企业需要在政策合规和用户信任之间取得平衡，不断创新数据处理技术和信息保护措施，以确保其市场细分和定位策略的可持续推进。

综上所述，电子商务市场的发展趋势是多元复杂的，涵盖了技术进步、消费者行为变化、全球化发展、可持续发展等多个维度。这些趋势的重要性体现在促使电商企业不断调整市场细分和定位策略，以更好地适应不断变化的市场环境和消费者需求。通过认识并适应这些发展趋势，企业可以有效抓住机遇、迎接挑战，从而在激烈的市场竞争中保持领先地位。

三、研究背景的学术前沿

商务英语在电商市场细分与定位中的研究背景属于当前商业环境中一个极具吸引力和挑战性的领域。近年来，随着全球化进程的推进，国际贸易和跨境电商逐渐成为经济活动的核心组成部分，这一趋势迫使企业在国际市场中寻求差异化竞争优势，而有效的语言服务在这一过程中扮演着不可或缺的角色。经济全球化和网络技术的发展使得电商市场的地理界限渐趋模糊，各国企业需在一个更为多元及复杂的语境中运营。语言障碍显然是进入国际市场的主要挑战之一，其不仅影响企业的营销传播效率，也对企业的品牌形象、客户关系以及市场拓展产生深远影响。

在这样的背景下，商务英语语言服务日益成为企业国际化战略的核心要素之一。细分市场是企业为了满足不同消费者需求而采取的一个重要策略，而语言服务则是实现这一策略的关键。不同地区、文化和语言的消费者往往拥有各异的需求及偏好，只有通过精准的市场细分与定位，企业才能实现目标市场的信息精准传达和品牌有效沟通。因此，语言服务不仅仅是语言转换的问题，更涉及国际贸易交际能力、营销策略制定以及文化适应等多方面的深层次内容。

具体来看，语言服务在电商市场中的应用需借助商务英语的专业素养和沟通技巧，帮助企业在全球范围内识别并细分市场。这些服务不仅限于语言本身，还包括文化咨询、市场调研、翻译技术支持、内容本地化等多元化的服务形式。市场细分与定位需要对于不同语言的深刻认识，同时也对商务英语的应用提出了更高的要求。企业需要考虑不同地区消费者语言和文化的差异、购买行为的特殊性，以及针对不同市场的定制化营销策略，才能在全球化的市场背景下未雨绸缪，实现持久的市场竞争力。

语言服务在电商市场细分中的前沿研究还表现在信息技术的广泛应用上。随着大数据、人工智能以及机器翻译技术的成熟，这些现代技术手段正不断融入语言服务过程。在电商平台上，商务英语的应用可以通过智能客服、个性化营销推荐、数据分析等手段，为企业提供更精准的市场洞察及用户体验。人工智能技术的普及使得语言服务在广度和深度上都有了显著提升，从而实现了个性化以及高效化的市场细分。

此外，商务英语语言服务在电商市场的应用也必须考虑到语言政策规制的国际化动向，各国为了保护本土文化及经济利益，其政策制定中对语言服务的要求也日趋严格化。这对语言服务商提出了更高的合规性要求，同时也为国际电商企业敲响了警钟。在这种情况下，商务英语又需要结合法律翻译、标准化操作以及政策解读等多领域的知识，助力企业应对全球化环境下的语言服务挑战。

综上所述，商务英语在电商市场细分与定位中的语言服务研究具有重要的理论意义和实践价值。在理论上，语言服务有助于研究人员深入理解不同文化、语言在商务活动中的互动机制，为跨文化商务交流提供理论指导。在实践上，与商务活动紧密结合的语言服务，在市场与企业之间架起桥梁，提升企业的国际影响力和市场份额，并助益企业在多语言环境下的沟通效果及经营效率，从多维视角推动企业实现可持续发展的战略目标。通过这一研究，可以加深对语言服务在国际商务中重要作用的理解，并为未来的商业模式创新提供启示。

第二节　国内外商务与电商语言服务研究现状综述

一、国内商务与电商语言服务研究现状

近年来，随着全球化进程的推进和电子商务的迅猛发展，商务与电商领域的语言服务越发受到重视。在我国，相关学者对商务与电商语言服务的研究逐渐深入，并取得了显著成果。国内商务与电商语言服务研究领域覆盖广泛，涉及理论研究、实践应用和语言技术支持等多个方面，形成了丰富而多样化的研究视角。

在理论层面，多数研究集中探讨语言服务在商务活动中的重要性，以及如何通过语言服务提升电商平台的竞争力。有的研究从宏观角度出发，剖析了语言作为一种沟通工具在商业活动中的桥梁作用，指出语言不仅限于传统的信息传递，还涵盖对文化差异的理解与跨文化交流的推进。有的研究将语言服务置于国

际商务的大背景下进行分析，认为有效的语言服务不仅能够突破语言障碍，而且有助于建立和维系商业伙伴关系，提高企业的国际化程度。

从电商市场的具体实践来看，国内研究注重探讨如何利用语言服务提高消费者购物体验和品牌忠诚度。通过对众多电商企业案例的研究，研究者发现，高质量的语言服务可以显著提升消费者在购物过程中的信任度和满意度。这不仅包括精确的翻译和本地化服务，还涉及客服的语言表达、用户评价和反馈回复等环节，以期通过精准的语言服务实现用户体验的优化。

语言技术的快速发展为该领域的研究提供了新的契机。机器翻译、自然语言处理和大数据分析等新技术在电商语言服务中的应用成为一个热点。随着信息技术的发展，与之相关的研究日益增多。有研究指出，借助人工智能技术可以实现电商品牌的自动化语言服务，降低人力成本并提高服务效率。但也有些研究提出疑问，认为当前的技术水平仍不足以完全替代人工服务，尤其是在涉及复杂语境的语义理解和文化差异处理上，人工智能仍然面临挑战。因此，如何结合技术手段与人工服务，提供更为高效的语言服务成为研究重点。

值得注意的是，对商务与电商语言服务领域的研究不仅关注对其理论探索和技术讨论，还关注其在实际应用中的效果评估与反馈。当前，越来越多的研究开始将眼光投向对语言服务效果的测评，旨在建立一套科学合理的评估机制。通过定量和定性相结合的方式，探索语言服务对商业行为的具体影响，力求为商家和平台提供更具指向性的改进建议和策略。

跨学科的研究方法在国内商务与电商语言服务研究中逐渐受到重视，语言学、经济学、管理学和信息技术等多领域的交叉融会使得研究视野更加开阔。尤其是在探讨语言服务对电商运营以及消费者行为模式影响的研究中，这种跨学科的方法带来了全新的理解和启发。一些研究通过量化分析，识别出语言表达与消费者购买决策之间的相关性，进一步阐明精准语言服务如何直接推动销售额的提升。

不仅如此，许多研究已逐步意识到文化因素在语言服务中的不可或缺性。国内学者开始重视文化与语言的融合策略，努力探索如何通过优化文化语境的表达，改进电商平台对不同文化圈层用户的服务质量。尤其是在全球化战略的影响下，相关研究更加关注如何利用语言服务辅助跨国电商企业在不同市场的本地化运营。

国内商务与电商语言服务的研究现状表明，尽管已取得显著进展，但仍有大量需进一步探究的问题。持续深入的研究不仅能促进相关理论的发展和实践创新，还将推动我国在全球电商市场中的更大参与度和影响力。随着技术的迭代和市场的变化，未来的商务与电商语言服务研究将更具跨领域和跨文化特点，为电商行业的发展注入新的活力和动力。

二、国外商务与电商语言服务研究现状

近年来，随着全球化进程的加速以及数字经济的飞速发展，商务与电子商务领域的语言服务研究在国际上已经成为一个热门的研究方向。国外的研究者普遍认识到语言在商务活动中的关键作用，尤其是在电子商务市场中，语言不仅是沟通的桥梁，更是市场拓展的重要工具。

国际市场上，企业需要应对多元文化和多语言环境的挑战。研究表明，在电子商务领域，消费者的购买决策受到产品描述语言的显著影响。因此，跨国企业在开展国际市场营销活动时，通常注重通过提供本地化的语言服务来满足不同国家消费者的需求。这包括翻译商品信息、提供多语言客户服务以及适应本地文化的语言表达。由此，语言服务被认为是提升客户体验和增强国际市场竞争力的重要手段。

国外的学术界也在积极探索商务与电商语言服务的各种实践和创新。语言服务的研究涉及多个领域，包括翻译学、跨文化交际、广告学等。此外，随着人工智能和机器学习技术的发展，语言服务的形式和手段也发生了革命性变化。自动翻译、自然语言处理和语音识别技术正在被逐步引入电子商务平台，加强了语言服务的效率和精准度。例如，Google 的自动翻译服务和 Amazon 的 Alexa 虚拟语音助手，这些科技的应用使得跨语言交流变得更加便捷。

在电子商务领域，客户体验被视为竞争优势的重要组成部分。研究发现，当消费者能够在自己熟悉的语言环境中阅读产品信息、与卖家交流时，他们更可能感到满意并产生购买行为。这一发现促使跨国公司重视多语言支持措施，不仅仅是简单的语言翻译，还包括文化差异的考量。通过采用多元文化市场策略，企

业能够以更具针对性和更具文化敏感的方式与全球消费者对话。在这种背景下，语言服务的专业性和精准性成为关键。

国外的学者在这方面做出了诸多研究，探索了语言在品牌传播和客户关系管理中的作用。研究指出，语言服务不仅仅是工具，更是一种战略，这种思路已经被越来越多的企业管理人员接受。通过对营销信息的本地化翻译和多语言市场调查问卷的使用，企业能够更好地理解当地消费者需求，并据此调整其市场策略。这种语言服务的战略应用有助于塑造企业的国际形象，提高市场份额。

然而，尽管语言服务的重要性毋庸置疑，其在应用过程中仍然面临诸多挑战。最显著的一个挑战是文化误读。即便是最先进的机器翻译技术，往往也难以捕捉语言中的细微差别和文化背景。因此，一些国际公司更加依赖人力翻译，尽管这可能会增加成本，但可以有效避免因为文化误读而导致的品牌损害。此外，语言服务的质量控制也是一个复杂问题，特别是在涉及非标准语言和方言时。

除了技术和质量上的挑战，语言服务行业还面临着法律法规的限制。不同国家对消费者保护和隐私保护的法律规定各异，跨国公司需要谨慎处理语言服务过程中涉及的法律问题。同时，数据主权问题也给语言服务的国际化带来了新的难题。企业在本地化服务过程中，需要确保用户数据的安全和合法性。

国际学术界对于这些挑战提出了多种解决方案，如通过建立文化语言服务标准，推动语言服务行业的规范化发展。此外，学者还在探讨将文化智能与语言服务结合起来，培养具有高文化敏感度的翻译人才。在这个充满活力的研究领域，新理论和新范式不断涌现，为商务与电商语言服务研究注入了新的活力。

综上所述，国内外对商务与电商语言服务的研究现状显示出这一领域的广阔前景和复杂挑战。随着全球贸易的进一步深化，对语言服务的需求只会不断增加。学术界和业界需要通力合作，进一步探索创新的语言服务模式，以应对不断变化的市场需求和技术进步。语言不仅是沟通的工具，也是文化的载体和商业成功的关键。通过不断的研究与实践，我们有望看到一个更加包容和智能化的全球商业语言环境的出现。

三、商务与电商语言服务研究的对比分析

从国内外的研究现状来看，商务语言服务和电商语言服务有诸多相似与不同之处，它们在需求、本质和应用场景上均体现出各自的特征。

商务语言服务主要关注于跨国公司、国际贸易和全球市场中的语言沟通需求。它的核心在于促进不同国家和地区之间的商业谈判、合同签订、市场营销和客户服务，通常要求高水平的语言精准性和文化敏感性。在商务环境中，不同语言之间的转换不仅涉及词汇和语法，更深层次的挑战在于文化语境和商务惯例的差异。因此，商务领域的语言服务提供商通常不仅需要具备语言能力，还需要深入了解客户所在行业、目标市场和商业礼仪。

在具体研究中，国内外学者往往关注如何提高商务沟通的效率和准确性，如研究商务英语的特有表达方式、涉文化商务交际的障碍以及商务翻译中的文化适应策略等。此外，商务语言服务也涉及多模态和多渠道的应用，如面对面的口译、书面翻译以及越来越普及的视频会议翻译和机器翻译等技术手段的辅助。

相比之下，电商语言服务多以网络平台为主要应用场景，重视在线交易中语言的表现。电子商务不同于传统的面对面交易，它依赖于互联网进行产品展示、交流和交易，因而对语言服务提出了不同的要求。电商平台的语言服务不仅仅包括网页翻译，还关注内容的本地化、搜索引擎优化中的关键词翻译以及用户生成内容的管理和监控。

与商务语言服务相比，电商语言服务更强调速度和规模，尤其是在大规模产品目录、用户评论和客服对话的快速处理方面。由于电商环境变化迅速，语言服务必须敏捷且灵活，能够快速响应市场变化。研究重点通常集中在自动化技术的应用，如机器翻译、自然语言处理和语音识别等，以提高语言服务的效率和降低成本。

尽管两者在应用场景和服务需求上有所区别，但商务与电商语言服务在研究中有许多共同点。两者都需要解决多语言沟通中的准确性和文化适应性问题，也都在探索科技手段对语言服务的支持作用。当前的研究趋势显示，大数据、人工智能和云计算在这两个领域的应用正在深刻改变传统的语言服务模式，并提供了新的研究视角。

在跨文化交际的研究中，商务与电商语言服务的对比也为学术界提供了丰富的素材。在商务环境中，文化敏感性是成功的关键，而在电商平台上，文化适应性的挑战更体现在产品描述和市场策略的全球本地化上。如何通过语言服务有效实现目标市场的文化认同，是两者共同面对的研究课题。

同时，其研究方法也有类似之处。定量与定性相结合的研究方法广泛应用于两者的研究中，通过问卷调查、案例分析、实验研究等，探讨不同语言服务模式的有效性和应用效果。此外，随着技术的发展，数据驱动的研究也在兴起，通过大数据分析来理解用户需求和市场趋势，为语言服务提供更精准的指导。

总而言之，商务与电商语言服务研究的对比分析揭示了两者在理论和实践中的异同点，并为未来的研究指明了方向。商务环境下的语言服务强调精准和专业性，而电商中的语言服务强调规模和速度。两者在科技的支持下，正朝着更加智能化、自动化的方向发展，这不仅增强了研究在学术界的意义，也为实践提供了可行的解决方案。在全球化的浪潮中，这两大领域的语言服务将继续相辅相成，共同促进国际商业交流的深化和电子商务的普及。

第三节 研究方法、技术路线与商务视角

一、研究方法概述

在探讨商务英语在电商市场细分与定位中的语言服务研究时，研究方法的正确选择和应用尤为重要。

在商务英语与电商市场的交会中，研究者通常会采用定性和定量研究两大方法。定性研究方法旨在通过对小规模样本的深入分析，获取关于语言服务需求和现象的深层次理解。这种方法通常通过深度访谈、问卷调查、案例研究和观察等形式进行。通过深度访谈，研究者可以获取参与者的内心洞察和态度，获得关于商务英语在电商市场中应用的实际情况及挑战的信息。问卷调查的设计需要针

对不同身份的用户，如电商平台的运营商、消费者和语言服务提供者，以便从多角度获取信息。而案例研究则让研究者能够对特定电商平台或企业进行详尽分析，揭示商务英语在其市场定位与细分中的实际应用情况。

定量研究方法常用来对广泛的人群进行数据采集，并通过统计分析揭示普遍的趋势和模式。此方法通常涉及对大量样本的调查和数据分析，以验证或推翻特定假设。在电商环境中，这可能包括分析消费者的购买行为、平台上的语言使用特点、用户评论中的语言风格，以及这些语言要素对市场表现的影响。通过使用统计软件和分析技术，研究者可以对大规模数据集进行处理，揭示出语言服务在市场中的量化影响。

为了提高研究的科学性和可靠性，许多研究者还会使用混合研究方法。这种方法结合了定性和定量研究的优势，不仅在数据量和广度上有所保障，还在深度上有所体现。通过在初期使用定性研究形成对问题的初步理解，然后在此基础上设计定量调查工具进行验证，混合方法能够生成更全面和可信的结论。

研究中还需注意技术路线的选择，技术路线是指研究开展的具体步骤和流程设计。通常应包括问题的识别与界定、研究目标的确定、调查对象与范围的界定、数据收集与处理方法的选用、研究方案的设计与执行及结果分析与讨论等环节。在电商市场中，技术路线的设计需要特别关注数据收集的方式和数据源的选择。电子商务环境中的数据源种类繁多，包括电子商务平台上的评论、社交媒体上的交互、在线问卷调查结果、交易数据等。确保数据的广泛性和针对性，能够为研究提供坚实的实际基础。

从商务视角看，语言服务在电商市场的应用需要结合市场细分和定位的理论与实践。市场细分的目标是识别和分类不同特征的消费者群体，从而为不同群体提供精准的语言服务。在这一过程中，语言服务需要深入消费者的行为、习惯、文化背景等方面，以提供个性化服务。定位则是电商平台根据自身特点和市场需求，决定采用何种语言策略与特定的细分市场对接。研究方法需要灵活地结合商务理论，帮助分析语言在市场定位中的角色及其结果。

通过深入探讨不同研究方法的适用性和实施策略，研究者能够有效掌握商务英语在电商市场细分与定位中的应用情况。综上所述，研究方法的选择与技术路线的设计密切相关，它们共同构成了研究的基础框架。在研究过程中，必须始终保持对方法论的清晰认识，结合商务视角不断调整研究策略，以确保研究结论具有实际价值和理论创新。同时，研究结果应适当地反映实际应用场景，为电商企业和语言服务提供者提供切实可行的解决方案和策略指导，促进商务英语在电商市场中的高效应用，推动行业发展。

二、技术路线分析

在商务英语在电商市场细分与定位中的应用研究中，技术路线分析尤为重要，因为这一领域包含语言学、市场营销、技术应用等多个学科的交叉与融合。

研究的首要步骤是明确研究问题及其背景。电商行业不断发展，与此同时，对商务英语的需求也在不断变化。研究需要特别关注的是，电商市场的细分和定位如何影响语言服务的呈现和传播。这就要求对电商市场主要参与者及其语言需求进行深入的了解。通过技术路线分析，可以明确研究的核心问题和假设，为后续的研究设计奠定基础。

在明确研究问题后，研究需要通过大量的文献综述来形成理论框架。这一步骤包括对商务英语、语言服务以及电商市场细分和定位理论的系统回顾。在这个过程中，技术路线分析帮助研究者全面筛选和分析相关文献，识别已有研究中的研究空白和争议点，从而在既有理论的基础上构建新的研究视角和模型。

数据的收集与分析是研究过程中的关键环节。技术路线分析在这里特别重要，因为它指导如何选择合适的数据收集方法，以获得具有代表性和可信度的数据。对于商务英语在电商中的应用研究，可以考虑使用混合研究方法，包括定性和定量的分析工具。例如，通过问卷调查、深度访谈、案例分析、内容分析和大数据分析等方法，来理解不同市场细分和定位对商务语言需求的影响。这些方法的有效结合有赖于技术路线的周全设计，确保数据收集不仅全面而且具有针对性。

在数据的处理和分析阶段，技术路线分析引导研究者使用适合的数据分析工具与方法。对于定量数据分析，可以使用统计软件进行回归分析、因子分析或者结构方程模型分析，以识别影响市场细分和语言服务需求的主要因素；对于定性数据，则可以通过编码和主题分析，挖掘电商市场参与者对于语言服务的深层次需求和偏好。

研究结论的有效性和可靠性依赖于科学的技术路径。在研究的后期阶段，技术路线需要不断反思和调整，以确保研究方法和结果之间的逻辑一致性。在这一过程中，技术路线分析不仅要关注研究方法的实施细节，更需要确保整个研究过程中逻辑推导的内在一致性。研究者应在各个阶段定期回顾技术路径，评估其预期的研究结果是否得到验证，最终形成扎实的研究结论。

此外，技术路线分析也为研究提供了创新的空间。随着电商行业和语言技术的发展，商务英语在电商市场细分与定位中的应用方式也在不断变化。技术路线设计不仅是一个规划工作，同时也需要灵活性和创新思维。通过不断跟踪电商行业新兴趋势和语言服务技术的发展，研究者可以在技术路线中引入新的方法和工具，探索新的研究方向，从而推动商务英语和电商市场进一步融合。

综上所述，技术路线分析不仅仅是一个计划和执行策略的工具，还是研究成功的基石。通过系统的布局与严谨的分析，研究者得以全面审视研究的各个环节，确保从问题的提出到数据分析以至结论的形成，都具备高效的执行力和带来的学术价值。这种清晰、结构化的研究途径对于商务英语与电商市场结合的复杂研究领域显得尤为重要，它不仅支撑了理论探索，还为实践应用提供了实质性的指导。

三、商务视角的研究框架

商务视角的研究框架旨在为读者提供一个系统的方法，通过分析和理解商务语言在电商行业中的应用，帮助企业在市场细分和定位中取得更大的成功。这个框架主要围绕商务英语的独特性质，以及其在电商中的实际应用展开，从而为企业提供精准的语言服务，为消费者创造更优质的购物体验。

首先，需要考虑的是商务英语在电商环境中的角色和影响。商务英语不仅仅是一种沟通工具，更是一种文化和商业战略的体现。在电商市场中，不同的商务语言表现形式能够影响消费者的购买决策和品牌忠诚度。因此，研究商务英语在电商中的应用需要从多个角度进行分析，包括但不限于语言的精准性、文化适应性以及交互性。这些维度帮助企业更好地理解自己的目标市场以及如何利用语言达到期望的商业目标。

其次，电商市场的全球化趋势为商务视角的研究框架提供了丰富的研究背景。在全球化的背景下，企业需要面对来自不同文化背景的消费者。因此，商务英语的应用不仅限于词汇和语法的直接翻译，更涉及文化交流中的语境转换、语气调整和文化敏感度问题。具有不同文化背景的消费者对语言表达有着不同的偏好和接受度，这就要求企业在其电商平台上提供的内容不仅需要准确传达信息，还要在文化上与消费者的心理期望相契合，从而实现有效的市场影响。

商务视角的研究框架还包括对目标市场的深入分析。市场细分是实现精准定位的基础，也是商务英语在电商中发挥作用的重要环节。通过对消费者群体特征的分析，企业可以识别出不同消费群体的语言偏好和行为特征。此时，研究框架需要运用多种市场调研工具，如问卷调查、消费者访谈以及数据分析等，来收集和分析目标消费者的信息。这一环节中，商务英语作为信息获取和沟通的核心载体，起到了不可替代的作用。语言服务的定制化和个性化也在此体现，通过对语言服务的精准调整和优化，以提升用户体验和增强品牌的市场竞争力。

在商务视角下，语言服务的实施策略涉及多层面的内容。首先是电商网站及其营销材料的语言呈现，包括其网站内容、产品描述、客户服务等方面的语言策略，这对买家的购物体验有着直接影响。企业需要确保其语言表达不仅准确传神，还能够与消费者的习惯相契合，以建立和维持消费者的信任和忠诚度。其次是通过社会化媒体和其他数字营销渠道进行的市场沟通，这些媒体渠道的语言风格可能更为口语化和互动性。这类策略采取的是更加亲民的语言风格，旨在加强与消费者之间的互动和情感联系。这一部分的语言风格通常会带有一定的文化元素和流行趋势，以吸引消费者的注意力并促进品牌传播。

技术路线在商务视角的研究框架中同样重要，特别是在大数据和人工智能日益普及的今天。技术与语言的结合，不仅能够提高语言服务的效率，也使得市场细分和客户定位更加精准。大数据技术能够帮助企业分析消费者的购买行为、反馈意见和市场趋势，通过这些数据可以更准确地捕捉到市场脉搏，并调整语言策略。人工智能在语言翻译、客服机器人的应用中也展现出其独特的优势，使得语言服务更加实时和高效。

综上所述，商务视角的研究框架在电商市场中的应用不仅提高了市场沟通的有效性，还优化了电商平台的用户体验。详细的市场分析、精准的语言定制化服务，以及技术支持下的高效执行，都为企业在全球市场中的拓展提供了坚实的基础。通过这样的多层面综合策略，企业不仅可以满足消费者的购买体验需求，更能够实现自我品牌的成长和市场竞争力的提升。商务语言服务的实施，从一个侧面反映了电商企业如何通过语言策略的优化，在全球化市场中脱颖而出，获得持续的商业成功。

第二章
电商市场细分与商务英语

第一节 市场细分概述

一、市场细分的含义

市场细分是一种重要的市场营销策略，其核心在于通过识别和分析市场中具有不同需求特征的细分部分，从而更有效地定位产品或服务，以满足特定消费者群体的需求。这一策略的实施使得企业能够在竞争激烈的市场环境中找到适合自身资源与目标的市场领域，进而提升其市场占有率和品牌效应。市场细分的概念最初源于20世纪50年代，当时的学者开始注意到消费者需求的多样性及其对个性化产品和服务的需求，而这些需求又通常集中于具有特定特征的消费者群体。随着商业理论的不断发展，市场细分逐渐发展为现代企业营销战略中不可或缺的一部分。

市场细分的基本原则是市场的异质性原则。市场中的消费者具有多样化的需求、习惯、偏好及购买能力，这些差异使得企业不能用单一的市场策略去满足所有消费者的需求，异质性原则引导企业识别和分析市场中存在的差异，以此为基础进行细分。对细分市场的定义和识别，要保证每个细分市场本身的同质性。在一个细分市场中，消费者需要和偏好具有相似性，能够对特定的市场营销策略产生类似的反应。市场同质性反映在消费者对价格、产品功能、品牌甚至服务等各方面表现出的相似行为。

市场细分的一个关键之处在于可衡量性。企业在细分市场的过程中，需要对每个潜在的细分市场进行定量分析，以确保该市场大小适中，并且有足够的商业机会。细分市场不仅要具有一定的规模和购买力，以支撑企业的持续服务和市场活动，还需具备有效性，能够对企业的市场策略和营销活动产生显著的影响。规模过小或购买力不足的市场，通常不具备足够的吸引力，因为它们不能为企业提供足够的回报。此外，市场细分还应该具有可及性，能够通过企业的资源和能力触达目标消费者，并影响他们的购买决策。企业需要确保能够通过精准的营销手段将产品或服务信息传达给市场细分中的目标消费者，以实现营销目标。

　　在市场细分的过程中，识别市场的可行性及其商业重要性，是企业决策的重要因素。在市场细分中，企业的目标是发现并实现在细分市场中的竞争优势，因此，细分市场的长期稳定性也是一个需要考虑的关键因素。细分市场不具备持续的盈利能力或者其需求不稳定，都会对企业的市场战略产生负面影响。通过对市场细分的研究，企业能够提前预测市场发展趋势以及可能存在的风险，从而制定更具前瞻性的策略。

　　市场细分的作用之一是帮助企业进行更为精准的市场定位。通过市场细分，企业能够更加清晰地了解不同消费者群体的需求特征，进而设计出能够满足这些特定需求的产品和服务。市场定位的焦点在于找到一个能够让消费者在理性和情感层面同时产生吸引力的独特卖点。因此，市场细分不仅帮助企业减少营销浪费，还能够增强市场营销策略的有效性，使产品和服务在消费者心中占据一个独特的位置。

　　除了帮助企业更好地满足消费者需求和优化市场定位外，市场细分还能够提高企业资源的配置效率。通过市场细分，企业可以将有限的资源集中在最具潜力的市场上，最大化地获取投资回报。企业在选择目标细分市场时应深入分析各个细分市场的竞争状况和进入壁垒，以便形成具有竞争力的市场进入策略。有效的市场细分策略不仅可以显著提升企业的市场竞争力，还能在消费者中树立积极的品牌形象，提高客户忠诚度。

　　市场细分的另一个关键之处在于它能够为企业提供创新和发展动力。在面对多样化的市场需求时，企业必须不断创新产品和服务，以适应快速变化的市场环境。在这样的情况下，细分市场为企业的研发部门提供了明确的目标和方向，使得创新活动能够获得更大的成功概率。通过市场细分，企业能够更准确地识别并捕捉市场中的潜在机会，这对于企业的发展和壮大具有战略性的重要意义。

市场细分理论的发展也与数据分析技术的进步密不可分。现代企业在进行市场细分时，通常会使用大量的市场数据和分析工具，以获得对市场的深刻洞察。大数据、人工智能、机器学习等技术的应用，使得市场细分不再仅仅是一种基于经验的艺术，而是结合科学分析的系统方法。通过数据分析，企业可以更加精准地预测消费者行为，理解市场趋势，制定更具前瞻性的市场战略。

总之，市场细分不仅限于对消费者需求的简单分类，还涵盖了对复杂市场环境的深刻理解，以及对企业自身资源与目标的精细匹配。这一策略不仅对企业的营销战略制定有着重大影响，更关系到企业在激烈市场竞争中长期发展的根基。通过市场细分，企业不仅能够更好地实现其商业目标，还能为社会带来更多价值，推动市场经济的健康发展。市场细分是企业认识、应对市场需求变化的重要工具，同时也是企业持续成长与成功的重要支撑。

二、市场细分的商业应用

市场细分就是将一个相对繁杂的大市场分解为若干个具有共同特征的子市场，以便企业更精准地满足不同消费者的需求。通过市场细分，企业可以实现更有效的市场定位，有针对性地设计产品和服务，最终提高市场占有率与竞争优势。

市场细分的商业应用首先体现在市场的识别与分类能力上。市场细分通过特定的变量，如地理位置、人口、心理和行为等，将消费者分为不同的子群体。

地理位置细分主要是根据消费者居住的地区来划分市场，如将市场分为国内和国际市场，或者是城市和乡村市场。地理位置细分的一个明显优势在于，有助于企业根据不同区域消费者的特性来调整产品和营销策略，从而更好地适应当地市场的需求。

人口细分主要是根据年龄、性别、收入、教育程度等人口统计变量来划分市场。通过人口细分，企业能够识别不同人口群体对产品的不同偏好，从而开发出更具吸引力的产品和服务。

心理细分也是一个重要的市场细分方式，其依据消费者的生活方式、个性特征、价值观等心理特征区分消费者群体。心理细分能够深入挖掘消费者的内在需求，从而使企业在产品设计和营销宣传中触动消费者的情感和认同感。通过心理细分，企业可以与消费者建立更深入的情感联系，这在品牌忠诚度的建设中尤为重要。

行为细分则是根据消费者对产品的使用情况、购买动机、使用习惯等行为特征来划分市场。行为细分有助于企业理解消费者在实际购买过程中的决策因素，这为企业提供了重要的销售分析数据，帮助企业在营销活动中实现更高的转化率。

市场细分的商业应用不仅仅停留在市场策略的设计上，还延伸到整个营销组合中，并影响企业的产品、价格、渠道和促销策略。

在产品策略上，市场细分能够指导企业开发出能够满足特定细分市场需求的产品，有利于突出产品的差异化特性，使其在众多竞争产品中脱颖而出。针对不同的细分市场，企业可以设计出一系列符合目标群体需求的产品线，并可以在此基础上实施品牌延伸和产品创新。

在价格策略上，市场细分能够帮助企业根据不同细分市场的价格承受能力和价格敏感度制定合理的价格政策。对于价格敏感型消费者，企业可以通过折扣、促销等手段吸引他们的注意；而对于追求高品质和高附加值服务的消费者，企业则可以采取高价策略以强化产品的高端形象和定位。

在渠道策略上，企业可以通过市场细分分析不同消费者的购买习惯及渠道偏好，从而选择合适的分销渠道，以最大限度地覆盖目标市场。

促销策略的制定同样离不开市场细分的指导。在广告宣传中，不同细分市场的消费者对广告内容和形式的偏好存在差异，因此企业需要根据不同目标市场的特点来设计广告内容。与此同时，企业还可以通过营销活动、公共关系活动、推销员培训等手段增强与目标消费者的互动，从而提高品牌的知名度与美誉度。

市场细分是提高商务活动效率并实现企业战略目标的关键所在。在电商市场的快速发展下，消费者的需求日益多元化和个性化，市场细分的有效应用显得尤为重要。通过精准的市场细分，企业可以更加深入地挖掘消费者需求，从而在激烈的市场竞争中占据先机。同时，市场细分也需要企业具备高度的市场敏感度和创新能力，以便及时响应市场变化并不断调整策略，以满足消费者不断变化的需求。市场细分原则的商业应用不仅提升了企业的市场竞争力和盈利能力，也推动了整个市场的良性发展和进步。

三、市场细分的重要性与经济影响

市场细分的重要性在现代商业环境中显得尤为突出，正是由于市场经济全球化及电商行业的快速发展，使得企业在竞争激烈的市场中保持优势更为困难。市场细分为企业提供了一个精确分析市场以及客户行为的工具，通过市场细分，企业能够更好地识别和理解消费者的需求、期望与行为，从而制定更有针对性的营销策略，而不是依靠"一刀切"的方法。

对于任何一个正在运营的企业，尤其是在电商领域中，市场细分能够提高企业的竞争优势。通过细分市场，企业可以识别出哪些客户群体最有可能对其产品或服务产生共鸣，并将其资源集中于最具潜力的领域。这不仅优化了资源分配，还能提高市场营销的效率及有效性。例如，一家活动管理软件公司通过市场细分发现，非营利组织可能会成为其最有价值的客户之一，原因在于这些组织通常管理大量的活动，而这类软件能够极大地提高其工作效率及管理的精确性。

从经济影响上看，市场细分对于企业而言可能意味着更高的市场份额与盈利能力。当企业能够精准定位目标市场，而非盲目地进行市场投放，其转化率往往更高。同时，熟练掌握市场细分技术的企业，在客户关系管理过程中也能表现得更加出色。这种内部和外部的双向效益，能够推动企业在经济收益上迈向一个新的高度。此外，市场细分还可以帮助企业在品牌建设上更具战略性，借由聚焦特定客户群体的需求与期望，企业能更容易地以高度定制化的产品或服务赢得市场中的话语权。

市场细分也有助于发现未被察觉的市场机会。通过细致的市场分析，企业可以识别市场中尚未被充分服务的利基市场。例如，某电商企业进行市场细分后可能会发现，其所处的市场中对于可持续产品的需求在不断增长，而这个趋势可能在整体的大数据中被淹没。因此，企业可以迅速调整其采购和产品开发战略，以占据此利基市场，从而实现更大的市场渗透和经济效益。

另外，市场细分能够使企业更好地适应市场变化，尤其在当前快速变化的全球市场中，企业的适应能力直接影响其长期发展与存续。通过市场细分，企业能够对市场变化作出更为敏捷且有效的反应。例如，当某一消费趋势突然兴起，通过提前的市场细分分析，企业可以迅速作出产品调整和市场策略转型。同时，市场细分还关注客户行为，这帮助企业捕捉消费者需求的微妙变化，使企业能及时调整策略，以此保持持续竞争力和经济收益的稳定增长。

在电商领域，市场细分的重要性尤为显著。电商能够通过庞大的数据分析，将客户按消费行为和偏好分为不同的群体，从而更精准地进行市场推广和个性化的客户体验提升。这对增强客户忠诚度至关重要，因为在竞争激烈的市场中，保持高客户满意度和长期客户关系，是实现长久收益的核心。通过市场细分能够更有效地投放广告、制定价格策略以及优化产品推荐，这种精细化的运营手段将直接影响企业的营收表现。

此外，对市场细分的深入了解还帮助企业更好地决策及制定战略。明确的市场细分使企业能够更好地评估其市场潜力及当前策略的有效性。假设一家企业准备进入一个新市场，通过已有的细分市场数据，该企业可以评估该市场的特征及其风险，同时也可以依据市场细分指标做好充分的准备。有准确的市场细分作为基础，企业在跨国发展或是进行市场扩展时可以更加胸有成竹。

综上所述，市场细分不仅是现代营销策略的基础，更是商业决策的重要支撑。其通过帮助企业在纷繁复杂的市场中识别重要目标群体，从而实现资源最优化配置，提高市场渗透力和竞争优势，从而带来显著的经济效益。在未来的商业环境中，随着数据分析技术的进步和消费者行为的变化，市场细分必将在企业的发展过程中扮演愈加重要的角色。

第二节　电商市场细分的特性与挑战

一、电商市场细分的特性

随着全球电子商务的快速发展，市场细分已经从传统的依据人口统计学、地理位置、心理学因素演变为更加复杂和多维度的分析方法。电商市场细分的特征体现在多方面,它不仅涉及产品的多样化和消费者偏好,还包括了实时数据分析、个性化需求挖掘、市场动态变化以及竞争环境的多变性等。

在电商平台上,商家的消费者信息获取与分析能力得到极大加强。消费者在访问电商平台时会留下各种数据痕迹,包括浏览历史、购买记录、评价与反馈等。这些数据将成为电商市场细分的重要基础。通过大数据分析技术,商家可以更准确地识别不同消费者群体的特征,如他们的购买习惯、喜好、价格敏感度、品牌忠诚度等。这种分析能力的提升,使得电商市场能够细分到非常微小和精准的程度,从而为消费者提供更为个性化的服务,增强消费者体验与满意度。

电商市场细分的一个特性是基于技术实现了自动化与智能化。在过去,市场细分主要通过调查和问卷等手段完成,而现在,随着人工智能和机器学习技术的广泛应用,市场细分的效率和精确度得到了革命性的提高。这些技术能实时处理和分析海量数据,从中识别出隐藏的模式和趋势。例如,通过分析消费者搜索关键词和点击行为,可以预测消费者的潜在购买需求,并据此推送相应的产品和促销信息。这种技术驱动的细分模式不仅精准,而且几乎不需要人工干预,极大地提升了市场细分的效率。

除了数据驱动和技术支持,电商市场的细分还受到消费者行为变化的影响。传统市场中,消费者群体的划分往往是静态的,随着时间的推移才会发生变化。而在电商市场中,由于互联网的开放性和自由度,消费者的行为与需求变化更加频繁和难以预测。新兴消费趋势的迅速崛起、新产品的不断推出、消费者对创新的接受程度等因素,使得市场细分必须具备动态调整的能力。商家需要实时跟踪和响应消费市场的变化,通过更新和调整细分策略以适应新的市场环境。

个性化服务需求是电商市场细分的一项突出特性。在数字化时代,消费者越来越期望得到个性化的购物体验。电商企业利用市场细分技术,深入挖掘不同消费群体的独特需求和偏好,以提供更加定制化的产品和服务。例如,一些电商平台已经通过分析消费者的购物历史和偏好,来创建独特的购物主页为其推荐产品,这样不仅提升了购物的便捷性,也增加了消费者的愉悦体验,进而提高了购买转化率。

在全球化背景下,电商市场细分也表现出显著的文化包容特性。不同地区和文化背景的消费者表现出明显不同的消费行为和决策模式。鉴于此，电商企业必须在全球视角下理解并执行市场细分策略，以有效抓住跨区域市场的多样性和差异化需求，体现出更强的文化包容特性。在此过程中，语言、文化、社会习惯等因素成为影响市场细分的重要维度。

细分特性还体现在市场竞争的激烈程度上。电商市场具有高度开放和竞争的特点，企业间为争夺市场份额，不断调整和细化其市场细分策略。例如，一些电商平台会根据市场细分结果，推出针对性营销活动、促销政策及定价策略。这不仅要求企业具备灵活应对市场变化的能力，还需不断创新以保持竞争优势。在激烈的市场竞争中，电商平台往往通过利用先进的市场细分技术来改善客户关系管理和提升品牌价值。

电商市场细分的特性反映了消费者个体需求的多样化与差异化。在一个极为分散的市场中，每一个消费者都是独特的，他们的需求和消费能力决定了市场的分割方式。市场细分的目的在于更好地理解这些多样化的需求，从而提供能够最大限度满足消费者个体期望的产品和服务。不同于传统的市场区分方法，电商市场细分利用数据驱动洞察和技术工具，精准识别甚至预测消费群体变化趋势，并为彼时彼地的市场活动提供高效率支撑。

二、电商市场细分面临的挑战

电子商务在全球范围内的迅猛发展，促使市场细分成为企业在激烈竞争环境中取得成功的关键手段。然而，电商市场细分同时也面临着一系列独特的挑战，这些挑战不仅影响着企业的市场战略，也对整个电商行业的健康发展产生深远影响。

电商市场细分的首要挑战之一是数据的收集与分析。在传统行业中，市场细分通常依赖于稳定而可预测的消费者行为和较为固定的市场模式。然而，电商环境中消费者行为的数据量庞大且变化迅速，这就要求企业具备先进的数据分析能力，从中识别有价值的洞察。例如，消费者在不同平台上的购买行为、浏览习惯、支付方式偏好都会对市场细分产生影响。这些信息不仅数量庞大，而且复杂多样，如何从中提炼出对市场细分有用的信息，对电商企业而言是一个巨大的挑战。而且，这些数据的收集和分析必须遵循相关的隐私法规，进而为数据的有效利用增加了法律合规方面的复杂性。

其次，在电商领域，消费者需求的多样性和动态变化速度更加显著。电商市场细分需要面对消费者需求快速变化的挑战。消费者在电子商务平台上，通过便捷的价格比较和产品信息获取工具，会更加频繁地改变他们的消费决策。由于消费者能轻松接触到全球范围内的产品，这极大地增强了他们的可选择性。因此，电商企业如果无法及时捕捉并响应这些变化，将面临失去市场份额的风险。企业需要制定灵活的营销策略，以适应快速变化的市场需求，这对于市场细分的策略实施提出了更高的要求。

科学技术的快速发展也为电商市场带来了新的挑战。人工智能、大数据和机器学习等技术的应用，虽然可以帮助企业更好地理解和预测消费者行为，但是这些技术的有效应用需要大量资源和技术支持。中小型电商企业可能因为资源有限而无法充分利用这些技术，从而在市场细分的有效性上落后于拥有强大技术能力的大企业。此外，这些技术的快速迭代也要求企业不断更新其技术能力，以保持市场细分的竞争优势。

除了技术和数据解析的挑战，文化差异也是电商市场细分过程中需要面对的重要挑战。由于电商的推广让企业能够轻松进入全球市场，企业在制定市场细分策略时，需要充分考虑不同地域、文化背景下的消费者偏好。忽视文化差异可能导致市场战略的失败，因为文化背景会显著影响消费者的购买动机和偏好。企业在全球市场中进行市场细分时，必须系统地研究和理解不同地区的文化习俗和消费心理，以确保其市场战略的有效性。

品牌忠诚度的建立和维持在电商市场中同样是一大挑战。随着产品同质化现象的加剧，消费者面对多种选择时，其品牌忠诚度容易受到影响。在电商环境下，消费者可以轻松获取不同品牌的产品信息，进行价格、质量的对比，因此，如何在市场细分中找到并巩固忠诚的客户群体是企业持续发展的关键。这要求企业在市场细分时，不仅要关注消费者的直接需求，还需要致力于提供优质客户体验，从服务质量、品牌故事等方面提升品牌的吸引力和客户的忠诚度。

电商市场中的竞争压力形成了市场细分策略实施的挑战。在一个竞争激烈的市场环境里，市场细分策略要求企业对市场进行精细化，而这意味着企业要为不同的细分市场设计不同的产品、推广策略和定价方案。每一个细分市场的运作都需要投入资源,这对企业资源的配置提出了严峻考验。特别是对于资源相对匮乏的企业来说,如何在有限的资源下实现市场细分的高效运营,是其面临的棘手问题之一。另外,竞争对手的干扰也是一大挑战,任何细分市场的战略选择都可能迅速被竞争对手模仿,这要求企业在细分市场中不断创新,确保自己在市场中的独特优势。

市场细分的动态调整需求则为电商企业带来了运作上的挑战。电商市场的快速变化特性要求企业必须具备灵活的市场策略调整机制。一个成功的市场细分策略不仅需要对当前市场环境的把控,还需要具备对未来环境变化的预测能力。这要求企业内部必须建立快速响应机制,以及推进跨部门协作能力,以便在市场环境和消费者需求变动时,能够及时调整其市场细分策略。这也意味着对企业组织结构、流程管理、员工能力都提出了新的要求,如何在变化中保持敏捷和高效是一个长期的挑战。

在电商市场细分过程中,企业还需面对与客户关系管理相关的挑战。电子商务平台上通常缺乏面对面的交互,这可能导致企业难以与客户建立深厚的关系,这在客户关系管理中是一个较大的阻碍。企业需要在市场细分中,借助可用的数据,精准识别和理解不同细分市场客户的需求,进而建立和培养客户关系。通过定制化的服务、个性化的沟通,提高客户对企业的情感认同,以此来提高客户留存和重复购买率。

三、电商市场细分的动态变化

电商市场的细分不是一次性或静态的策略,而是一个不断演变的动态过程。随着科技的进步、消费者行为的变化以及市场竞争的加剧,电商市场的细分需要不断适应新的商业环境和挑战,才能有效满足多样化的消费者需求并在竞争中保持优势。

在电商市场中,细分市场的变化往往因为技术进步而加速。以大数据和人工智能为例,这些技术的发展使得企业能够更精确地分析和预测消费者行为。通过分析用户在电商平台上的访问记录、购买历史、社交媒体互动等,企业能够更好地理解消费者的偏好和需求。这种理解不仅限于传统的人口统计学分类，还包括消费者的情感倾向、价值观念和行为模式。这种多层次的细分使得商家可以制定更加精细化的营销策略和产品推荐，从而提高销售效率和客户满意度。

与此同时，消费者行为的变化对电商市场细分的动态调整提出了更高要求。现代消费者越来越强调个性化和定制化购物体验，传统的细分标准如性别、年龄、收入水平等，已不足以全面反映消费者的需求。而"千禧一代"和"Z世代"成长于数字时代，对个性化服务的期望更高，他们更多依赖于产品评论、社交影响和在线口碑。因此，电商企业需要灵活调整市场细分策略，适时更新目标消费者画像，以应对消费者偏好的微妙变化。这种持续监测和快速响应能力成为电商企业的重要竞争力。

除了技术和消费者的影响，市场竞争的加剧也是推动电商市场细分动态变化的关键因素。在新兴市场，电商行业充满了机遇，同时也面临着激烈的竞争。全球化进程的加快，使得企业不仅需要面对本地市场的对手，还需要应对来自全球市场的竞争压力。在这样的环境下，电商企业只有通过不断更新其市场细分策略，挖掘细分市场中的新机会，才能在竞争中脱颖而出。例如，通过快速捕捉市场热点和趋势，推出定制化和创新型产品，以满足特定群体的需求，从而形成竞争壁垒。

此外，政策法规的变化也影响着电商市场的细分动态。在许多国家和地区，政府的监管政策会直接影响电商平台的运营和市场营销策略。对于跨境电商来说，更需要关注不同国家之间的政策差异，及时调整其市场细分策略，以规避法律风险和抓住政策红利。例如，某些国家可能会通过关税调整、新增电商法规等方式来保护本土产业，这就要求电商企业能够迅速适应政策变化，调整其产品供应链和营销策略，以保证在细分市场中的竞争力。

电商市场细分的动态变化还受到文化多样性的影响。随着国际市场的不断拓展，电商企业需要面对不同文化背景的消费者。文化的多样性对消费者的购买习惯、品牌忠诚度和价值观念都会产生深远的影响。例如，相同的营销策略在不同文化背景下可能会收到截然不同的效果。因此，在进行市场细分时，电商企业必须充分考虑文化因素的影响，通过对文化差异的精准把握，制定出符合当地消费者期望的市场策略。

此外，随着环保意识的提高和可持续发展理念的普及，消费者逐渐倾向于选择那些环保和社会责任良好的品牌。电商企业在进行市场细分时也需要关注这些变化。例如，通过识别和服务于关注环保的消费者群体，企业不仅可以提升品牌形象，还能为可持续发展作出贡献，从而在细分市场中赢得竞争优势。

在应对电商市场细分的动态变化时，企业需要具备一定的前瞻性和灵活性。首先是数据的实时性和分析的精准性。企业应搭建强大的数据分析平台，实时监测市场变化和消费者行为，以便快速调整其策略。此外，企业文化的开放性和创新精神也是应对变化的重要因素。通过团队的创新和对市场变化的快速响应，企业才能在充满不确定性的市场环境中获取成功。

电商市场的细分是一个复杂且不断变化的过程。它不仅依赖于技术的支撑，还需要对消费者行为的深入理解和对市场环境的敏捷反应。这种动态变化的特性不仅为电商企业带来了挑战，同时也提供了前所未有的机会。成功的企业将是那些能够充分利用技术手段、理解消费者多样化需求、拟定灵活市场策略、敏捷应对市场变化的业界领导者。

第三节 商务英语在电商市场细分中的核心角色与价值

一、商务英语在沟通与谈判中的作用

在电商环境中，市场细分是一项复杂且关键的策略，其目的在于识别和满足不同消费者群体的特殊需求，从而提高企业的竞争力和市场占有率。在这一过程中，商务英语不仅是一种语言工具，更是一种战略资源，支持着电商企业在全球市场中进行有效的沟通与谈判。

商务英语在电商市场沟通中的作用首先体现在文化沟通能力上。电商具有很强的国际化特征，企业必须面对来自全球的客户和合作伙伴。商务英语作为国

际通用的商业语言,能够帮助企业跨越语言障碍,促进不同文化背景下的交流与理解。通过精确的词汇选择、适当的语言风格及礼仪规范,商务英语能有效传达企业的品牌形象和价值观,增加客户的信任感和满意度。电商企业在进行市场细分时,往往需要对目标市场的文化、习惯、偏好进行深入的调研和分析,以此制定精准的营销策略。在这一过程中,商务英语不仅是获取信息的重要工具,还能帮助企业将调研成果转化为可行的市场细分策略。

其次,谈判是商务英语在电商活动中的另一核心应用领域。电商交易的复杂性和多变性要求企业具备强大的谈判能力,以在价格、条款、交货时间等方面达成最有利的协议。商务英语提供了丰富的谈判技巧和表达策略,使得双方能够在平等对话的基础上找到共同利益。对于电商企业而言,与供应商、分销商甚至客户的谈判中,商务英语能有效帮助企业明确目标、分析对方立场、评估谈判风险,并达成理想的交易结果。在谈判过程中,语言的使用不仅关乎内容的传达,还涉及语气、语调以及非语言沟通(如个体的姿势和表情)等多重因素。通过专业的商务英语表达,谈判者能够更好地调节谈判氛围,展示灵活性与专业性,增强谈判的有效性。

再次,在电商市场细分中,商务英语的价值还体现在其对信息的传递和追踪的支持上。电商企业在跟进市场动态、调整市场策略时,需要大量的信息交换与数据分析。商务英语帮助企业进行准确的信息描述与需求表达,确保信息在传递过程中不失真。同样,在反馈和报告撰写方面,商务英语起到整合与总结的作用,使企业能够根据市场细分策略及时调整运营方向。专业的英语写作和报告能力对于企业决策层来说至关重要,它们不仅能为企业提供清晰的市场分析,还能为利益相关者提供可靠的信息保障。

又次,在电商市场细分中,关系维护也是商务英语的一个重要应用。电商企业需要建立和维护与客户、供应商及其他合作伙伴的长期关系,以获得持续的市场优势。商务英语在此过程中扮演着桥梁和纽带的角色,通过适当的沟通策略与维护技巧,商务英语帮助企业在国际市场中保持强有力的合作关系。处于不同文化背景和市场环境的主体之间,只有通过长期的、稳定的理解与合作,电商企业才能在快速变化的市场环境中保持竞争力。

最后,商务英语在助力电商企业实现市场细分与定位目标方面同样重要。

商务英语促进了内部各部门的协调与配合，确保市场细分策略能够全面渗透到企业的各项业务中。无论是市场营销、客户服务还是产品开发，商务英语的应用都在一定程度上促进了部门间的顺畅协作。通过高效的沟通与信息流通，商务英语支持电商企业更迅速地响应市场变化，及时调整策略，实现最佳的市场定位。

凭借在沟通与谈判等方面的核心角色与价值，商务英语不仅促进了电商企业内部的整合与外部的合作，也为企业在全球市场中获得竞争优势提供了坚实的语言基础。商务英语作为一种战略性工具，无疑在电商市场细分中发挥着不可替代的作用，通过其在沟通能力、谈判技巧、信息传递、关系维护和战略执行等方面的综合运用，帮助企业更好地满足客户需求，实现商业目标。

二、商务英语在品牌营销中的贡献

在现代电商市场中，品牌营销已成为企业获取竞争优势、吸引并维系消费者的重要手段。在这一过程中，商务英语扮演着不可或缺的角色，其核心贡献体现在多个方面，直接影响品牌传播的效果和效率。

商务英语有助于构建品牌的国际形象。随着全球化的深入，电商企业面临的市场不再局限于本土，而是扩大到全球范围。英语作为国际通用语言，其在品牌营销中的使用至关重要。通过商务英语的精准运用，企业能够有效传达品牌理念、企业文化及产品特色，从而在国际市场上树立鲜明的品牌形象。这不仅有助于提升品牌的国际知名度，也能增强其在国际市场的竞争力。

商务英语提升了品牌沟通的专业性和一致性。无论是通过网站、社交媒体还是其他数字营销平台进行品牌宣传，商务英语的专业表达都能确保信息的准确传达。特别是在面对多语言、多文化的受众时，商务英语能够统一品牌声音，避免因语言表述不当而导致的误解和品牌形象受损。同时，商务英语有助于制定高效的品牌沟通策略，为企业与客户之间搭建信任桥梁，使品牌更具吸引力。

在产品描述和客户体验中，商务英语也发挥了重要作用。电商平台上的产品描述直接影响消费者的购买决策，清晰、简洁且富有吸引力的商务英语描述可以有效提高产品的成交率。同时，商务英语还可用于优化客户服务体验，包括如何以专业、礼貌的方式处理客户询问和投诉，从而提高客户满意度和品牌忠诚度。此外，商务英语在撰写用户指南、常见问题解答等帮助文档时，增加了品牌与客户之间的信息传达效率。

在品牌推广活动中，商务英语的作用也不可忽视。无论是广告、促销活动还是公共关系活动，得益于商务英语的精确表达和广泛适用性，品牌营销活动的覆盖范围更广，影响力更深远。特别是在社交媒体中进行的各种市场活动，借助商务英语，这些活动的互动性与传播速度显著提升，使品牌的影响力在消费者之间迅速扩散，从而实现更高的曝光率和用户参与度。

商务英语还推动了品牌营销战略的制定与实施。在电商市场细分的背景下，商务英语通过对目标市场的准确界定和消费者行为的深入分析，为企业制定差异化的品牌战略提供了依据。这种对市场和消费者的深刻洞察，结合商务英语在文化适应和沟通协调方面的优势，使得品牌能更好地迎合并满足不同市场和消费群体的需求。企业通过商务英语的运用，能够对品牌定位进行更精确的调整，在纷繁复杂的市场竞争中赢得一席之地。

总之，商务英语作为品牌营销的支柱，不仅在国际化进程中品牌形象塑造方面发挥关键作用，还在消费者与品牌之间、品牌与市场之间的沟通交流中充当桥梁，使得品牌能在全局营销策略中取得更大成功。正因为其在品牌营销中扩展出的多维度贡献，商务英语成为企业在电商市场细分中不可或缺的战略资源。通过加强商务英语的运用能力，企业能够将自身的品牌价值最大化，实现长期的市场领先地位。

三、商务英语在文化交流中的价值

随着全球化的发展，国际商务已经成为许多企业生存和发展的必要条件，而商务英语在这个过程中扮演了不可或缺的角色。电子商务平台为国际贸易打开了新世界的大门，而商务英语作为电商运营的语言工具，在这一过程中呈现的核心价值不容小觑。

在不同文化的交流中，语言是传递信息、共享思想和建立关系的主要手段。商务英语不仅是一种沟通工具，更是企业文化、商业礼仪和市场策略的载体。在多样化的市场背景下，电商企业通常需要面对来自不同国家和地区的消费者，而这种多样性不仅体现在客户的语言上，也体现在他们的文化习惯、消费偏好和购买行为上。因此，商务英语不仅需要精准传达商业信息，还要有效地桥接不同文化之间的差异，从而实现顺畅的文化沟通。

商务英语的核心价值之一体现在其在构建信任关系中的作用。信任是商业活动的基石，尤其是在国际化的电商环境中，企业需要通过语言传达出专业性、可靠性和企业价值观。在这种情况下，语言使用中的细微差别可能会影响到消费者对企业的认知和信任感。商务英语的使用不仅要求流畅，更需要对不同文化背景下的语言习惯、称谓、风俗和商业礼仪有深刻的理解。具有文化敏感度的商务沟通可以有效地避免误解、传达诚意，从而增强客户对品牌的忠诚度。

在电商市场细分中，商务英语有助于企业精准地定位目标市场。随着消费市场的全球化，消费者不再局限于某一区域，而是分布在全球各地。为了有效地进行市场细分，企业需要对不同市场进行深入研究，以识别不同群体的特定需求和消费行为。这就要求商务英语在沟通中能够准确表达，并理解目标市场的文化特征，通过语言塑造产品和服务的形象，使其符合目标市场的期望。通过这种方式，企业不仅可以吸引到更多的潜在客户，还能有效地提高客户满意度和市场占有率。

商务英语的专业性要求电商企业对员工进行系统培训，以确保他们能够在不同的商业场合运用得体的语言。这种培训涵盖的不仅是语言能力，还包括文化交流能力的培养。电商从业人员需要掌握不同国家和地区的文化背景、语言习惯和市场规范，以便在与客户交流、合作谈判、危机处理等环节中展现出适当的文化敏感度和沟通技巧。通过提高员工的商务英语能力，企业在面对国际市场竞争时可以更具优势，提升其在全球市场中的话语权和影响力。

商务英语在文化交流中还能促进知识和信息的共享。在快速变化的市场环境中，企业需要及时获取和分析国际市场的最新动态，以制定有效的市场战略。商务英语作为全球化信息交流的桥梁，能够帮助电商企业更快、更准确地掌握海外市场的信息，为企业的决策提供可靠依据。此外，商务英语还有助于企业参与国际研讨会、展会和论坛，与同行分享经验和最佳实践，从而推动企业创新和发展。

商务英语在塑造企业文化和品牌形象中同样起到重要作用。在国际商业环境中，语言不仅是交流的工具，更是企业文化传达的重要媒介。在与客户及合作伙伴的沟通中，企业通过商务英语向外界展示其价值观和品牌理念。一个企业如果能够在言语中体现对不同文化的尊重和理解，将能够更容易赢得国际客户的青睐和信任。品牌形象的成功塑造不仅依赖于完美的产品和服务，也依赖于企业通过商务英语在文化交流中展示的专业和魅力。

综上所述，商务英语作为文化交流的重要工具和纽带，其在电商市场细分中的核心角色和价值涵盖了信任的建立、目标市场的精准定位、专业能力的提升、知识的共享以及企业文化和品牌形象的塑造等多个方面。在全球电商快速发展的背景下，商务英语将继续发挥其不可替代的作用，帮助企业在文化多元和市场多变的国际环境中实现长远的商业目标，并在这一过程中不断推动文化交流的深化与革新。

第四节　商务英语能力对电商市场细分策略的影响

一、商务英语能力的评估指标

在电商市场细分中，高效的策略制定依赖于对商务英语能力的准确评估。这不仅体现在对语言本身的掌握程度上，更包括对文化背景和商业环境的理解能力。因此，商务英语能力评估指标的设计，应当全面覆盖语言能力、文化理解和商业技能三个领域。这三个领域不仅相互联系，还对市场细分策略的有效实施产生直接和间接的影响。

在语言能力方面，有几个核心方面需要被评估。首先是语法的正确性和词汇的丰富度。这涉及电商从业者在使用英语进行书面和口头沟通时的准确性与多样性。精确无误的语法和丰富多样的词汇可以有效避免误解，提高沟通效率。在电商环境中，这表现为能够使用正确的术语和表达方式进行产品描述与销售沟通。关键词的准确性尤其重要，因为电商平台的搜索功能很大程度上依赖于关键词匹配。其次是听说能力的考核，这在跨境电商中尤为重要。良好的听力可以帮助从业者更有效地获取来自客户的反馈和市场信息，而出色的口语能力则有助于在国际市场上进行商务谈判和即时问题解决。语言的流利程度和语速控制也是评估的重要指标，因为它们会影响沟通的自然度和效率。最后，阅读和写作能力也不可忽视。在电商领域，大量的信息传递需要通过邮件、报告和文件完成。评估一个人的阅读能力包括其能否快速、准确地理解各类商业文献和报道，而写作能力则要求其能清晰、结构良好地展示信息和观点。个性化的写作风格和内容的精准定位对提升品牌形象与客户满意度直接起到影响作用。

在文化理解方面，由于不同国家和地区的消费者在文化上有很大差异，掌握相应的文化背景知识至关重要。这包括理解消费者的消费习惯、价值观念和文化忌讳等。有效的文化理解能力不仅能提升沟通的质量，还能帮助企业调整其市场策略，以更好地适应本地市场的需求。商务英语能力评估还需要考虑到对文化交际技巧的掌握程度，这是测试一名从业者在多元文化中进行沟通的能力，包括对文化障碍的识别和管理。在全球化背景下，文化交际的敏感度能够有效地提升谈判的成功率和合作关系的持久性。

商务技能也是商务英语能力评估指标中不可或缺的一部分。这涵盖了电商运营的基础知识和相应的市场营销策略。评估商务技能不仅是看重从业者对商业术语的理解和使用，还考察其在交易过程中运用这些知识的能力，包括制定和执行市场策略的能力。务实的分析和批判性思考的能力也是商务技能评估的重点，可以帮助市场细分策略的实际应用。具有这些能力的从业者能够更好地理解市场动态，准确分析竞争对手和消费者的行为，为企业制定出更具竞争力的市场战略。

商务英语能力评估指标的设计应是系统性的，它不仅帮助企业鉴别高潜力人才，也为员工自身的职业发展提供清晰的指导。通过全面的评估，企业可以更好地识别员工的优势与不足，从而针对性地开展培训和发展计划。在当今竞争激烈的电商市场中，员工掌握高水平的商务英语能力是企业成功的关键因素之一，同时也是员工个人开拓职业前景的有效途径。

以此为依据的评估体系应当是动态的，能够随着市场的变化及时地更新和调整，以确保始终能够对从业者的能力有准确的把握。这不仅确保了市场策略的灵活性和适应性，也为企业在瞬息万变的商业环境中提供了稳固的竞争优势。

二、商务英语对市场细分策略制定的影响

商务英语对于市场细分策略的制定具有多层面的影响，这可以从语言能力对于信息获取、信息表达以及信息交流等几个维度来进行分析。

首先，商务英语能力直接影响市场信息的获取和分析。在国际化的电商环境下，许多市场信息以英语为介质进行传播。企业在制定市场细分策略时，往往需要获取准确且最新的国际市场动态、竞争对手信息以及消费者偏好等。这些信息大多来自研究报告、国际会议、学术期刊以及各类国际新闻媒体。具备良好的商务英语能力能够使企业更有效地理解和解读这些信息，从而为市场细分策略的制定提供可靠的依据。与此同时，商务英语能力出色的团队可以通过与国际同行、专家交流，获取更多有价值的见解和建议，这些都将直接提升企业的决策能力。

商务英语能力对市场细分策略制定的影响不仅体现在信息获取上，还体现在信息表达阶段。在电商市场中，精准的市场定位和品牌推广是策略执行中的两个重要环节。而要实现这些目标，企业必须准确传达产品或服务的核心价值和特色。语言作为传播信息的主要媒介，商务英语能力的高低将决定企业在国际市场竞争中的成败。一个良好的市场细分策略不仅要求内容上的严谨和深度，更需要通过有效的语言表达到达受众心中。商务英语的表达能力强，不仅可以使产品信息清晰准确地传递，还能够在宣传材料、广告中运用更具吸引力和说服力的语言，进而提升市场细分策略的执行效果。

交流能力是商务英语的另一个关键方面，对市场细分策略的制定起到至关重要的作用。策略的制定需要团队的通力合作，而在一个国际化的企业团队中，多元文化背景和语言能力的差异往往会带来沟通障碍，导致策略执行中的问题和挑战。良好的商务英语交流能力能帮助化解这些沟通障碍，使团队成员之间能够相互理解和支持，提高整体的合作效率。这不但有助于完善市场细分策略方案，还能在执行过程中及时调整和优化策略，适应市场的变化。

与此相辅相成的还有商务英语在文化沟通中的重要性。在电商市场中，国

际市场细分策略的制定常常需要考虑不同文化背景下消费者的需求和偏好。商务英语培训不仅涉及语言本身，更涵盖了文化沟通技巧的培养。通过对不同文化和习俗的理解，可以避免策略制定过程中因文化误解而导致的市场定位错误。这为企业在全球化市场中赢得更多消费者的信任和喜爱铺平了道路。

商务谈判能力也是市场细分策略的重要组成部分，而商务英语则是谈判中不可或缺的工具。在电商市场中，企业与供应商、客户、合作伙伴之间的谈判无处不在。而具备强商务英语能力的谈判队伍，将更可能在谈判中占据优势地位。通过精准地表达企业意图、清晰地阐述交易条件和利益诉求，商务谈判人员能够赢得更多有利条件，推动市场细分策略的顺利实施。在此过程中，由于谈判信息量大且复杂，商务英语能力的运用可以帮助谈判者细致入微地捕捉对方意图，并及时作出响应和调整策略。

最后，商务英语能力影响着企业市场策略的国际化推广。电商市场的国际化趋势越发明显，企业若想在全球舞台上占据一席之地，必须制定适应多国市场的细分策略。在这一过程中，商务英语成为企业走向国际化的重要工具。通过利用商务英语进行市场调研，企业能够根据不同市场的特点调整细分策略，从而提升企业在国际市场中的竞争力。商务英语的应用不仅限于策略的制定阶段，更在策略执行中，如客户服务、售后支持等环节发挥作用，从而增强消费者对品牌的好感度和忠诚度。

整体而言，商务英语能力在电商市场细分策略的制定和实施中具有全方位的影响。企业提高自身在商务英语方面的能力，不仅可以在市场调研阶段获取准确的信息，还能在策略表达、交流和执行各阶段获得竞争优势。事实上，不断提升团队的商务英语能力，将为企业在全球市场中的长远发展奠定坚实的基础。在当前竞争激烈的电商市场环境中，这已然成为不容忽视的发展趋势。

三、提升商务英语能力的方法

商务英语能力的提升需要从多个方面进行考虑，既包括对语言基础的扎实训练，也包含对商务环境的理解和运用。

首先，强化语言基础是提升商务英语能力的关键。语言基础的扎实与否直接影响到交流的清晰程度和沟通的效率。精通词汇和语法是基础中的基础。可以通过系统的学习和练习提升词汇量,并将词汇置于商务情景中进行记忆与运用。同时,语法知识的掌握不能只停留在对语法规则的背诵上,更需要培养在实际商务场景中灵活运用的能力。听、说、读、写各项能力的均衡发展同样重要。通过反复的听力训练和口语练习,提升与客户的口头交流能力;通过大量的阅读和写作,提高分析和撰写商务报告的能力。

其次,理解商务英语的文化背景和商业语境是不可忽视的方面。商务英语不仅仅是一门语言技能,更是一种文化交际能力。不同国家和地区有其特定的商务交流习惯和文化差异,在电商市场中,交流中产生的误解可能带来相当严重的后果。学习和理解这些文化背景变得尤为重要,可以通过参加文化交流课程培训、学习不同国家的企业文化以及与国际商务人士面对面交流等方式来实现。此外,熟悉国际市场的各种法律、经济环境及消费者习惯,对商务英语应用的精准性起到保障作用。同时,模拟实际商务场景的练习大大提升了商务英语的实用性及应变能力。这种模拟练习可以通过案例分析、商务谈判、角色扮演等多种形式进行。在这种环境中,语言学习者能够更直观地感受语言的应用场景、商务交流的细节以及可能出现的问题,从而培养快速反应和解决问题的能力。

再次,现代技术手段为商务英语能力的提升提供了更多支持与便捷。线上学习平台和移动应用程序日益普及,使得进行个性化、碎片化学习成为可能。学习者可以根据自己的时间表和学习进度,自主选择课程内容,无论是词汇、语法、听力还是口语练习,都可以通过各种 App、在线视频等途径轻松获取。这种灵活的学习方式不仅提高了学习效率,也让学习过程更加适应个人需求。参加专业的商务英语培训课程也是一种传统而有效的方法。这些课程通常系统地包括了市场分析、商务沟通、国际贸易实务等多个方面的内容,通过深度讲解和针对性的练习,学员能够在短时间内达到快速提高的目的。这类培训通常由具备丰富教学经验和商务实践经验的导师指导,此外,培训班上和其他学习者的互动学习,也为提升社交及交流能力提供了良好的机会。

最后,实践是提升商务英语能力的有力保障。将商务英语应用于实际工作中,不断参与国际商务活动和会议,无疑是语言能力提升的强大助推器。在实践过程中,通过不断的观察、模仿和总结,学习定义明确的商业术语和表达方式,积累丰富的商务沟通经验。实践不仅提高了语言能力，也提升了业务拓展能力，尤其是在电商领域，能带来更直接的商业影响。

通过这些方法，商务英语能力不仅能得到全面提升，还能更好地适应电商市场的细分与策略实施。这种能力的增强，不仅仅体现在语言表达上，更为关键的是，它使得企业能够更精准地进行市场定位，洞察消费趋势，提高国际市场竞争力，最终实现商业目标的更好达成。在未来的市场竞争中，良好的商务英语能力将持续成为企业不可或缺的竞争优势，与此同时，也为从业人员在国际舞台上取得更大成就铺平了道路。

第五节　电商市场细分实践中的商务英语应用

一、品牌定位中的商务英语

品牌定位是电商企业在竞争激烈的市场环境中取得成功的关键策略之一。商务英语在这一过程中扮演着不可或缺的角色，因为它不仅是一种沟通工具，更是一种影响消费者认知与情感的重要手段。在电商市场的品牌定位中，商务英语的应用主要体现在四个方面：品牌的语言风格、广告宣传、客户沟通及其文化内涵的传达。

首先，品牌语言风格的确立和运用是商务英语在品牌定位中最基本的应用。在国际电商市场中，不同国家和地区的消费者拥有不同的文化背景与语言习惯。一个成功的电商品牌需要通过明确的语言风格展示品牌的独特个性和价值主张。例如，高端奢侈品的品牌常常使用简洁、优雅的语言风格，而创新科技品牌则可能更倾向于使用新潮、未来感强烈的表达方式。品牌的语言风格会直接影响消费者对品牌形象的认知，进而影响其购买决策。

其次，品牌的广告宣传则是商务英语发挥其语言魅力的重要舞台。在电商平台上，品牌通过使用巧妙的商务英语来撰写产品描述、广告语以及社交媒体内容，以引起目标消费者的注意并激发其购买兴趣。有效的广告宣传语言不仅仅是信息的简单传递，更需要通过措辞精练、语调得体地传达品牌的核心价值和文化内涵。例如，在撰写广告时，商务英语的词汇选择和语法结构必须与品牌定位相匹配，才能让受众感受到品牌所倡导的生活方式或理念。同时，品牌在进行广告宣传时，也需要注意确保信息能够在不同文化背景的消费者之间正确传达。

再次，商务英语在与客户沟通中的应用也是品牌定位成功的关键之一。电商企业通过电子邮件、在线客服、社交媒体平台等多种渠道与客户互动，得体而专业的商务英语能够提高客户体验，增强品牌忠诚度。无论是在处理客户投诉、回答产品疑问还是提供售后服务时，使用恰当的商务英语都能让客户感受到被重视和尊重。这种良好的客户关系管理不仅有助于提升客户满意度，还能通过口碑传播来增强品牌的市场竞争力。

最后，电商市场中的品牌定位往往需要融入特定的文化内涵，以增强消费者的情感连接和市场认同感。商务英语在传达文化内涵时，需要做到既准确又富有感染力。品牌会通过讲述品牌故事、营造品牌文化来构建品牌形象，而商务英语则必须捕捉并表现出这种文化的精髓。例如，一个以可持续发展为主张的品牌在用英语与消费者沟通时，就需要强调"环保""自然"等关键词，并使用相关的语境和文风来增强消费者对品牌环保形象的认同。

在电商市场细分的实践中，商务英语的使用更需要策略性和创造性。对于不同的市场细分，品牌需要根据其特征和需求来调整商务英语的使用策略。也就是说，品牌在不同市场中使用的商务英语不仅要能准确传递实质信息，还必须具备情感和文化上的共鸣，以激发消费者的认同和兴趣。例如，在面对年轻的消费者群体时，品牌可能更倾向于使用具有社交互动性质的语言和网络热词，以拉近与消费者的距离；而面对专业性较强的消费者群体时，品牌则需要提供翔实的产品参数和技术说明，以展现其在专业领域的权威性。

二、精准营销中的商务英语

精准营销是电商市场中的一种重要策略，它通过充分利用数据和技术手段实现个性化的客户体验。在这一过程中，商务英语作为全球商业交流的重要工具，扮演了不可或缺的角色。精准营销中的商务英语应用，主要体现在三个方面：对客户的详细分析和与客户的沟通、市场推广活动的语言塑造以及不同文化的交流和理解。

首先，精准营销依赖于对客户的详细分析。电商企业通过收集和分析用户数据，能够确定目标客户群体的需求、偏好、行为模式等信息。此时，商务英语不仅在数据分析报告的撰写中扮演重要角色，还在向管理层阐述分析结果和策略建议的过程中发挥作用。准确、简练的商务英语表达能够帮助分析人员清晰地传达数据洞察，并促使决策层快速理解和采纳相关策略。此外，在与潜在客户的沟通过程中，商务英语的应用同样重要。客户服务人员需要运用礼貌、得体的语言表达来与客户互动，以提高客户的满意度和忠诚度。通过电子邮件、在线聊天和社交媒体等多种交流渠道，精确运用商务英语能够提升企业形象，并起到提高客户黏性的作用。

其次，商务英语在市场推广活动中的应用也是精准营销的核心环节。电商企业常常需要准备大量的营销材料，包括产品描述、广告文案、网站内容以及社交媒体的帖子等。这些材料不仅要具备吸引力，还需要在语言上与目标市场的期望和文化相符。高质量的商务英语运用可以实现这一目标，它能够保证信息传达的准确性和有效性，避免产生文化误解或偏差。通过精准的语言设计，营销人员能够传递清晰的品牌定位和价值主张，从而在激烈的市场竞争中占据优势。其中，广告文案的撰写是一个典型的应用场景，文案通过巧妙的语言设计来触动消费者的情感，引导其购买行为，这在基本信息量庞大的电商平台中显得尤为重要。

此外，精准营销涉及不同文化之间交流的复杂性，商务英语则为这种文化沟通提供了有效的桥梁和工具。在全球化背景下，电商企业的目标市场可能横跨多个国家和地区，这就要求企业在语言表达上要充分考虑到不同文化的特性。商务英语在这一方面不仅是语言的表达工具，更是一种文化理解的载体。文化敏感性的培养以及对不同语言风格和沟通习惯的理解，能够帮助营销人员在国际市场上更好地推广其产品和服务。通过对不同文化背景和习惯的深入了解，商务沟通能够起到增进理解、减少误解的作用。在这一过程中，商务英语可以通过制定标准化的沟通模板、开展文化培训来帮助团队克服语言和文化障碍。

为了确保精准营销的有效实施，企业通常会结合技术手段来增强商务英语的使用效果。例如，语音识别、机器翻译以及数据分析工具被广泛应用，提升了沟通的效率和准确性。企业电商平台甚至会引入人工智能技术，通过分析消费者的语言模式和互动内容，来定制化营销语言的风格和用词。通过技术的加持，商务英语的标准化、个性化应用得到了显著加强，从而进一步提高了营销策略的精准度和效果。

归根结底，商务英语在精准营销中的应用，是一项融合了语言技能、数据分析和跨文化知识的综合工作。它不仅提升了客户沟通的效率，也优化了营销活动的实施效果。在电商市场竞争日益激烈的今天，如何更好地利用商务英语来提升精准营销能力，已成为众多企业关注和探索的重点。随着全球化进程的不断加速，商务英语在精准营销领域中的重要性还将持续增加，其应用范围和深度也将不断得到拓展和深化。这不仅有助于企业在国际市场上增强竞争力，也促进了企业与客户间更为和谐的交流和互动。

三、客服与商务沟通中的应用

在电商市场细分实践中，商务英语的应用在客服与商务沟通中体现得尤为明显。在这个信息高速流通的时代，电商企业的客服人员通常处于与客户联系的第一线。他们的沟通技能直接影响到客户体验和服务水平。因此，掌握有效的商务英语沟通技巧显得尤为重要，因为这不仅是为了传递信息，更是为了在不同文化背景下建立信任、增进理解、促进交易。

在全球化的背景下，电商平台服务的客户来自世界各地。客服人员应具备良好的语言能力和文化敏感性，以正确理解并回应客户的需求与期待。在客户服务实践中，商务英语不仅是一种语言工具，更是一种实现客户关系管理的战略手段。客服人员需要运用商务英语来识别客户的潜在需求，通过准确的信息传达和有效的沟通策略，提升客户的满意度。例如，客服人员在回复客户查询时，不仅要用准确的语言，而且要结合客户所在国家和地区的文化习惯，使沟通更具亲和力和针对性。

电商企业的客服部门往往使用标准的沟通模板和自动回复系统，这些工具需要根据不同的市场细分进行调整，以满足不同需求。商务英语在其中扮演着重要角色，确保这些沟通材料能够在保持专业性的同时，展现出适合特定市场的文化元素。客服人员在回复客户时，不仅要回答特定问题，还要通过语言和文字传递品牌价值与企业文化。角色扮演和语言模拟是客服人员培训中常用的两种方法。通过这些方法，客服人员可以在模拟真实场景中，练习用商务英语解决问题，并提高沟通效率和质量。

在电商市场中，产品复杂性、客户多样性和市场竞争越发激烈，使得客服与客户之间的沟通不仅要解决问题，更需在促进销售、提高客户忠诚度方面发挥积极作用。这就要求客服人员不仅要掌握流利的商务英语，还要具备良好的商务谈判能力。通常，客服与客户之间的沟通可能涉及复杂的产品细节、售后服务条款、跨国运输事宜等，如何在高效传达信息的同时促成交易达成，是商务英语在电商客服中的一大挑战。客服人员要善于聆听客户的声音，识别隐藏的需求，把握沟通的时机，迎合客户偏好，提供个性化的建议和解决方案。

在实际操作中，商务英语的写作技巧也至关重要。电商客服需要通过邮件、即时沟通软件等形式与客户沟通，这就要求客服人员具有出色的商务英语写作能力，能够撰写清晰、简洁且礼貌的文章，以避免客户对信息产生误解。对于频繁需要处理的客户投诉案件，客服人员需要用专业的语言、准确的措辞来表达企业的立场和解决方案。这不仅考验了客服人员的语言技能，也考验了其逻辑能力和情绪管理能力。然而，良好的书面沟通不仅限于语言表达，它更需要对人际沟通的深刻理解。客服人员通过细致入微的语言表达，将企业的诚意传达给每一位客户，从而影响客户对品牌的总体认知。

除了沟通与写作，在客户互动过程中，分析数据和理解客户反馈同样重要。商务英语作为一种沟通工具，可以在数据分析和市场调研中发挥巨大作用。客服人员通过使用商务英语撰写报告、分析客户反馈、描述客户行为模式，为企业的市场定位和策略调整提供了有力支持。电商平台可以通过这些数据，来了解不同市场细分的客户需求变化，从而制定更具针对性的市场策略，优化产品供应链，提升整体服务质量。

在不断变化的市场环境中，电商企业需要不断提高客服的专业水平和商务英语能力，以应对日益复杂的客户沟通挑战。对不同文化的理解和全球商业模式的变化推动着商务英语在电商客服中的重要性不断上升，它不仅是一种交流工具,更是增强企业市场竞争力的关键要素。通过语言的正确运用,加强与客户之间的联系,电商企业能够在激烈的市场竞争中建立起独特的品牌优势,并实现业务的长足发展。

第三章
电商市场定位与商务英语

第一节 市场定位概述

一、市场定位的定义与意义

市场定位是指企业根据自身的资源、能力和市场环境，选择目标市场并在市场中确立自己独特的地位，以获取竞争优势的过程和战略。通过市场定位，企业能够更有效地识别、满足消费者需求，增强市场竞争力并实现长期可持续发展。

要完成市场定位，首先要明确市场细分，这是定位的基础。企业必须识别出能够产生最大效益的细分市场，即那些有潜力且未被充分满足的消费者群体。这一过程通常基于对消费偏好、行为和人口统计特征的深入分析，以确保企业的产品和服务能够精准匹配目标客户的需求。

在明确市场细分后，企业需要选择其中一个或多个细分市场作为目标市场。这一选择通常依据市场规模、增长潜力、竞争态势及企业资源匹配度等多方面因素。随后，企业通过设计独特的市场形象来确立自身的市场定位，这一形象应与目标消费者的期望和需求高度一致，以此在消费者心智中占据一个独特的位置。在这一过程中，企业需要不断对自身的品牌形象、产品属性、服务水平及价格策略进行调整和优化。

市场定位的意义深远而广泛。首先，通过明确的市场定位，企业能够突出产品或服务的差异化优势。这种差异化不仅能够帮助企业在竞争激烈的市场上脱颖而出，还能够促使消费者产生强烈的品牌偏好与忠诚度。例如，一些企业通过定位为高档品牌或经济实惠的大众品牌来吸引不同需求的客户群体，高档品牌可能更加注重产品的独特性和高品质，而大众品牌则可能专注于产品的价格竞争力和易用性。

市场定位能够帮助企业更有效地进行资源配置。在明确目标市场后，企业可以更加有针对性地研发产品、设计营销活动和分配预算资源。这种精准的资源投入不仅能够提升企业的运营效率，还有助于缩短投资回报周期。另外，市场定位也为企业的创新与开发提供了重要指导。在动态变化且日益复杂的市场环境下，明确的市场定位可以帮助企业保持创新的方向性和针对性，进而提高企业的竞争力和市场响应速度。

市场定位的成功实施与良好的沟通策略密不可分。企业需要通过有效的沟通途径，将其定位理念传达给目标消费者，包括广告宣传、公共关系活动、促销活动等多种形式。良好的沟通能够强化消费者对企业的正确认知，增强品牌形象和市场占有率。这一点在电子商务的环境中尤为重要，因为在在线市场中，信息的传播速度和广度远超传统市场，企业需要更加快速、有力、有效的沟通策略来维护自身的市场定位。

此外，市场定位的执行需要动态调整。市场环境、消费者偏好和竞争态势都在不断变化，企业需要在市场定位的战略规划中引入敏捷的调整机制。定期进行市场分析、消费者反馈收集和竞争对手动作监控，可以帮助企业在市场上保持领先优势。一旦市场环境或消费者需求发生变化，企业应迅速调整市场策略，以确保自己的定位能够持续满足消费者需求并抵御竞争威胁。

市场定位对于不同的行业和企业规模也具有不同的实施策略与表现形式。大型企业通常拥有更丰富的资源，可以选择多样化的定位策略来占领市场，而小型企业则可能选择更加集中的定位策略以最大化资源利用率。这意味着市场定位没有普适的最佳策略，企业必须根据自身的特点和市场环境量身定制。

二、成功市场定位的关键因素

成功的市场定位对于电商企业而言非常关键。一个企业在进行市场定位时，需要考虑多个关键因素，这些因素共同决定了市场定位策略的有效性和执行效果。在电商市场中，迅速变化的消费需求和竞争环境使得准确的市场定位更加重要，这要求企业对自身的市场角色有清晰的认识，并能够制定相应的商务英语策略来支持其定位。

了解目标市场是成功市场定位的基础。企业需要具有清晰的市场洞察力，以充分了解目标消费者的需求、偏好、购买行为和心理特征。通过数据分析、市场调研和消费者反馈等手段，企业可以绘制出较为精准的消费者画像，深刻理解目标受众的特征和期望，以便作出正确的战略决策。这不仅有助于企业制定市场定位策略，还为商务英语沟通语言策略的实施打下基础。

明确且独特的价值主张对于市场定位的成功至关重要。在竞争激烈的电商市场中，企业必须展示自己的独特之处，以区别于其他竞争者。其价值主张应明确且独特，能够切实解决消费者的痛点或满足消费者的需求。通过利用精确的语言和有说服力的商务英语，企业可以有效地传达这一价值主张，从而加深与潜在客户的联系。一个令人信服的价值主张能吸引消费者注意，并激励他们进行购买决策。

竞争分析是制定成功市场定位策略的一个关键因素。了解竞争对手的定位、优势和不足，可以帮助电商企业找出自己的市场切入点和竞争优势。在分析竞争对手时，企业应关注它们的品牌形象、产品特点、服务质量以及价格策略等方面。此外，分析其商务沟通的语言策略和风格也很重要，因为这可以提供有价值的信息，帮助企业调整自身的语言服务策略，以便更好地与目标消费者沟通，并在市场上脱颖而出。

对市场趋势的敏锐嗅觉和适时调整是保证市场定位成功的重要方面。电商行业特有的快速变化要求企业在制定市场定位策略时，能够前瞻性地考虑未来的发展趋势。例如，随着数字化变革和全球化进程的加快，企业可能需要调整产品组合、增加服务内容或改变营销策略以迎合趋势变化。在这一过程中，商务英语策略的灵活调整也极其重要，确保企业在进行文化交流时，能够保持语言的一致性与有效性，以增强市场影响力和客户忠诚度。

内部协调和组织能力对成功的市场定位也有显著影响。电商企业需要保证各个部门在市场定位战略上的协同工作，包括市场营销、客户服务、物流配送等。通过良好的内部沟通机制，确保每个部门达成共识，共同推动企业整体定位战略的执行。在此过程中，商务英语可以作为有效的沟通工具，确保跨部门协调和信息传达的准确性与效率，为企业的市场定位提供坚实的内部支持。

品牌塑造与其在目标市场中的认知同样不容忽视。电商企业需要通过市场活动和品牌建设，提升品牌在消费者心中的认知度和信任度。塑造一个具有强大吸引力和积极形象的品牌可以促使消费者产生共鸣，并选择该品牌的产品或服务。运用精准的商务英语策略，企业能够有效地表达品牌价值和企业文化，使消费者产生积极的品牌联想，从而在市场上建立起牢固的品牌地位。

法律合规和文化意识在市场定位中也扮演着关键角色。尤其是在跨境电商中，企业必须了解和遵守各国的法律法规，并尊重当地的文化习俗。这不仅涉及消费者权益保护问题，还有助于企业避免不必要的法律纠纷和文化误解。利用合适的商务英语策略进行沟通，可以帮助企业在不同的市场中更好地表达自身意图，增强文化敏感度和法律合规意识，以树立良好的企业形象，同时实现可持续发展。

人员培训和能力提升是保障市场定位成功实施的基础。电商企业需要不断提高员工的专业素养和市场敏感度，特别是在商务英语的使用上进行专门培训，以确保其能够胜任各种商务沟通场合。通过内部培训、外部学习和经验分享，企业可以持续提升团队能力，为市场定位策略的成功实施提供保障。

持续的市场反馈与改进机制是成功市场定位的保障。电商企业应该建立健全的反馈机制，从客户、市场和内部各方面收集反馈信息，通过对市场数据和客户反馈的持续监测，及时调整策略，以适应动态的市场环境。这种持续优化的过程不仅可以帮助企业在变化的环境中保持竞争优势，还能让企业的商务英语策略保持与时俱进，始终贴合目标市场的需求和偏好。

通过了解目标市场、明确且独特的价值主张、竞争分析等多项因素，电商企业可以构建一个全面和有效的市场定位策略。有效的商务英语策略则提供了语言支持，确保企业能够在全球市场中清晰而有力地传递其定位信息，这些因素共同为电商市场中企业的成功奠定了基础。

三、商务英语在电商市场定位中的重要性

电子商务作为一个全球化的市场，跨越了地域和文化的界限，为全球消费

者提供产品和服务。其中，电商企业如何有效地使用商务英语将会直接影响其在国际市场中的定位与发展。

商务英语首先是沟通的桥梁，能够帮助企业在国际电商市场中实现无障碍交流。电商企业通过商务英语将产品信息、服务条款、交易条件、企业的市场定位和企业文化准确地传向世界各地，这种信息的准确传递不仅可以提升客户的购物体验，还可以增加客户对品牌的信任度，强化企业的市场定位。特别是在信息全球共享的当代社会，消费者往往依据所接收到的信息与企业进行互动，商务英语在其中发挥着关键作用，是实现信息精准传达的语言工具。

商务英语在电商企业的市场分析与需求调研中也是不可或缺的。对于电商企业来说，市场分析是进行市场定位的重要环节。通过使用商务英语，企业可以更好地洞察国际市场的变化，分析竞争对手的动向，识别消费者的需求和偏好，从而调整自己的市场策略。商务英语不仅是与消费者沟通的工具，更是了解市场动态的重要手段，帮助企业在不同国家和地区进行市场细分和目标客户定位。

商务英语的作用同样体现在提升企业形象和品牌价值上。在国际商业环境中，以英语进行沟通已经成为一种标准化的商业行为。对于电商企业来说，熟练运用商务英语可以帮助其树立专业、可信赖的企业形象。在全球范围内的市场竞争中，这样的企业形象无疑是一个巨大的加分项，能够增强企业的国际竞争力，强化企业的市场定位。企业通过精准的商务英语表达，不仅能够清晰展示企业的价值观和文化，还可以有效地传播品牌故事，使得品牌在国际市场中的认知度和美誉度得到显著提升。

电商企业在制定目标市场的营销策略时，商务英语的应用同样具有决定性作用。国际市场的营销活动通常涉及多种语言的翻译与适配，其中以商务英语作为基础，可以确保营销活动在大多数国家和地区都能顺利展开。通过商务英语的有效运用，营销信息能够被更大范围的受众准确无误地理解，从而提升营销活动的成功率。此外，商务英语在广告、宣传、活动策划等方面也能为电商企业带来显著的优势，使其在国际市场的营销中占据有利地位。

第二节　基于商务英语的品牌国际化形象塑造与传播

一、品牌国际化形象塑造与传播的基本要素

品牌国际化是一个复杂而多维度的过程，要求企业在全球市场中建立并维持一个强大的品牌形象。在这个过程中，品牌国际化的基本要素尤为重要。品牌国际化形象的塑造与传播包含多个相互关联的要素，企业需要在全球范围内有效地传达其品牌价值，并根据不同市场的文化差异进行调整和适应，以确保品牌形象的统一性和吸引力。

品牌的市场定位是品牌国际化的核心要素之一。市场定位需要通过深入的市场研究，了解目标市场的消费习惯、文化偏好以及竞争格局，以便制定出适合该市场的品牌策略。市场调研可以帮助企业识别市场需求和空白，明确品牌的竞争优势，并设计出具有差异化的品牌理念。在多元文化背景下，品牌还必须灵活地适应当地文化，调整品牌信息传递，以便引起不同市场中消费者的共鸣。

品牌的核心价值是国际化过程中的一个关键要素。一个品牌必须具备明确的核心价值，这将成为品牌所有传播活动的基础。该核心价值应当既具有普遍吸引力，又能够体现品牌的独特性。这种核心价值不仅要在产品本身体现，还需要融入服务和客户体验。品牌的核心价值需要在全球范围内统一，这样才能在多元文化背景下保持一致的品牌形象。同时，企业还应关注品牌价值在文化交流中的传递方式，确保品牌价值在翻译和本地化过程中不失真。

品牌故事在品牌国际化中扮演着不可或缺的角色。一个能引发情感共鸣的品牌故事可以让消费者与品牌产生更深层次的连接。品牌故事能够使品牌更具生命力，并赋予品牌一种活生生的形象。企业需要根据目标市场的文化环境，设计出能够引起受众共鸣的品牌故事。在国际化的过程中，还需注意品牌故事的传播渠道和方式，确保品牌故事能够通过不同媒体触达目标受众。

品牌形象的视觉设计是品牌国际化的重要组成部分。品牌标识、包装设计和广告创意等视觉元素不仅要具有国际范，赋予品牌一种全球化的吸引力，还要考虑到不同文化的视觉偏好和审美传统。设计应具备足够的弹性，以便适应不同文化背景下的消费者，同时保持品牌自身的统一性。

品牌传播策略也对品牌国际化起着至关重要的作用。在需求多元化的市场中，仅仅依靠传统的广告宣传已经不能满足品牌推广的需要，品牌必须采用多渠道整合的传播策略。数字媒体的发展为品牌传播提供了更广泛的平台，企业需要利用社交媒体、视频平台、线上活动等现代传播渠道，实现品牌信息的广泛而精准的传播。在不同的市场，品牌传播策略需根据当地的消费习惯进行调整，这样才能确保品牌信息的有效覆盖和传播。

品牌的本地化策略是国际化过程中的关键环节之一。不同市场的文化背景、消费习惯和语言差异要求品牌进行相应的本地化调整。品牌信息的翻译绝不是语言的简单转换，而是要求对目标市场的文化有深刻理解，以便塑造出符合当地市场期望和理解方式的品牌形象。通过本地化策略，品牌能够更加贴近消费者，引发消费者的情感共鸣。

品牌国际化过程中对消费者反馈的重视程度也是非常重要的。企业需要建立一套有效的消费者反馈机制，及时了解目标市场的消费者对于品牌和产品的看法。通过这些反馈，品牌可以不断优化其产品和服务，以更好地适应不同市场的需求。正向、积极的消费者反馈不仅有助于提升品牌可信度和忠诚度，还能为品牌国际化过程提供有价值的信息依据。

品牌国际化需要注重社会责任和可持续发展，这也是现代消费者越来越关注的品牌因素之一。企业在进入国际市场时，必须关注其商业行为对当地社会和环境的影响，承担相应的社会责任，并努力实现可持续发展目标。通过提升企业社会责任形象，品牌不仅能增强其全球竞争力，还能够提升品牌在国际市场的美誉度。

综合来看，品牌国际化的基本要素需要企业在多个方面形成合力，确保品牌策略的科学性和有效性。企业不仅要清晰地定义品牌价值、灵活运用品牌故事，还需要在视觉设计、传播策略和本地化实施等各个环节中精准发力，以在国际市场上塑造出成功的品牌形象。通过合理整合这些基本要素，企业在全球市场中的品牌形象才能真正站稳脚跟，并持续赢得消费者的热爱与支持。

二、商务英语在品牌国际化形象塑造与传播中的作用

品牌的国际形象要在全球市场上立足并取得成功，离不开清晰有效的沟通策略，而商务英语作为连接不同文化和市场的桥梁，提供了不可或缺的支持。商务英语不仅仅是一种沟通工具，更是品牌在国际化拓展过程中，塑造品牌形象、提升品牌价值的重要助力。

首先，商务英语具备精准的表达能力，这是品牌在面向国际市场时，传达其核心价值与独特定位的关键所在。通过运用专业的商务英语，品牌可以准确地描述其产品和服务的独特卖点，为潜在客户提供清晰的品牌认知。无论是在广告文案、产品描述，还是在营销宣传中，合适的语言表达能帮助品牌展现其与众不同之处，并在竞争激烈的市场中脱颖而出。此外，在面对不同文化背景的客户时，尊重和理解其语言习惯也非常重要，这不仅体现在语言的准确性上，还包括了对文化差异和细微语言语境的把握。这种体现在营销内容、客户服务，甚至是业务谈判中的语言运用能力，直接影响着客户对品牌的整体印象。

其次，商务英语在品牌的文化沟通中扮演了桥梁角色。企业在进军国际市场时，不可避免地需要与不同国家和地区的合作伙伴、供应商、客户等进行直接沟通，商务英语在此过程中成为主要的交流媒介。通过高水平的商务交流，不仅可以促进双方业务的合作深化，还能在潜在商业冲突中提供有效的沟通渠道，减少因文化差异带来的误解与摩擦。这种良好的沟通能力提高了品牌的可信度和专业性，有助于品牌在国际市场上建立良好的声誉。

此外，得益于其全球通用性，商务英语在品牌推广中也显得尤为重要。无论是在传统的市场推广活动，如展会、发布会，还是在数字化营销平台上，运用得当的商务英语能有效提升品牌的曝光率和吸引力。商务英语使得品牌在各种宣传渠道中保持信息的一致性和连贯性，确保目标受众能够准确接收到品牌的信息和理念。同时，作为全球语言的商务英语能消除语言障碍，加快信息的传递速度，使品牌能够迅速在国际市场上进行传播和扩张。

商务英语还在品牌声誉建设和维护中起到至关重要的作用。企业声誉是品

牌价值的重要组成部分，而在品牌遇到危机或面临公众质疑时，如何通过有效的沟通来澄清误会、树立积极的形象显得尤为关键。商务英语提供了快速响应的能力和渠道，使品牌能够在第一时间对外界的关注或质疑做出准确的回应，进行及时的危机公关。这种及时而有效的沟通，不仅能降低危机对品牌造成的负面影响，还能提高品牌在公众心目中的责任感和可靠性。

在品牌内部培训和团队建设中，商务英语同样扮演了重要角色。品牌在打造国际化形象时，通常会拥有来自不同国家和文化背景的员工，商务英语是团队内部协作与沟通的共同语言。通过系统的商务英语培训，企业能够提升员工的全球视野和沟通能力，加强团队的凝聚力和执行力。同时，具备良好商务英语能力的员工在处理对外业务时更显得游刃有余，这不仅有助于提高工作效率，还提升了企业整体的竞争力。

综合来看，商务英语在国际化形象的塑造和传播中的作用是多层次、多维度的，它不仅是品牌与世界沟通的语言工具，更是品牌国际化战略中的核心竞争力之一。在全球化浪潮下，掌握商务英语成为品牌在国际舞台上发声、立足和发展的关键，不仅能为品牌打开全新的市场空间，也为其持续的创新和增长提供了源源不断的动力支持，使品牌能够更加自信地面对国际市场中的挑战和机遇，并在复杂多变的商业环境中实现长远的发展目标。

三、商务英语沟通障碍的常见类型

在电商领域中，语言的交流是实现市场营销、客户服务以及品牌塑造等多重目标的关键手段，也是品牌国际化形象塑造与传播的重要媒介。然而，由于电商交易涉及多种语言、文化差异和技术限制等因素，商务英语在这一过程中常常面临诸多沟通障碍。了解和克服这些障碍，对于企业来说至关重要，能够帮助它们有效地建立与客户之间的联系，增强竞争力，并提升客户满意度。在电商市场定位中的商务英语沟通障碍，有一些常见的类型，需要深入探讨。

首先，文化差异导致的语言误解是电商沟通障碍中的一个基本类型。文化背景影响个体的思维方式、沟通风格和语言使用习惯。例如，在英语中，一些表达可能是出于礼貌或习以为常，然而在其他文化中可能被视为不尊重或不专业。

对于国际电商来说，客户来自世界各地，他们的文化背景多样，对产品描述、营销信息或客户服务语言的解读也会各不相同。商家需要意识到这些差异，在选择语言表达和设计营销策略时，必须仔细考虑目标市场的文化习惯，以避免误解。

其次，技术术语和行话的复杂性也常常构成沟通障碍。在电商行业，尤其是涉及科技产品或创新服务的领域，许多专业术语在商务交流中频繁使用。这些术语对于业内专业人士来说或许耳熟能详，但对于普通消费者和跨领域的国际客户来说，可能晦涩难懂。这种隔阂会影响消费者对产品的理解，也可能导致购买决策的延误或放弃。因此，企业在撰写产品描述、用户手册或者进行客户服务时，应该尽可能使用简明易懂的语言，必要时可以提供术语的解释或翻译。

再次，语言能力差异也是沟通障碍的一个根本原因。即使在全球使用最广泛的英语，也存在方言、口音和语言水平能力的差异。这不仅涉及英语为母语人士之间的差异，更涉及英语作为外语的使用者。电商客户可能有着不同的语言背景，他们的英语水平各异，可能会在理解信息、客服沟通、问题反馈等环节遇到困难。因此，电商平台在与客户进行商务沟通时，需要采取灵活、包容的语言策略，如简化语言结构、增强可读性、提供多语言支持等，以确保沟通的信息能够准确地传递。

又次，语气和措辞不当引起的情感障碍，也是在电商商务英语交流中容易被忽视的问题。在电子邮件、在线客服聊天或评论回复中，由于缺乏面对面的沟通，语气很容易被误解。措辞精准、情感中立是商务沟通的基本原则，但在实际操作中，往往由于经验不足、文化理解差异或紧急情况下的粗心，很多信息的语气被误解为冷漠、无礼甚至是冒犯。这需要企业在设计客服响应模板、培训客服人员时，特别关注沟通的态度和语气，以免无意中伤害到客户。

最后，翻译质量和机器翻译的局限性也给沟通带来了不小的挑战。随着电商国际化的发展，利用机器翻译工具和自动化翻译服务来处理大批量的文本信息，成为许多企业提高效率的选择。然而，机器翻译目前仍存在语法错误、意思扭曲、文化不适等问题，特别是一些微妙的商务用语上，机器翻译往往显得不够准确，甚至会误导客户。提高翻译质量需要依靠专业的语言服务提供商，或者培养内部的翻译和语言专业人才，以便在翻译过程中保留商务信息的完整性和准确性。

四、克服沟通障碍的解决方案

由上文可知，沟通障碍不仅仅是翻译和理解的问题，更涉及文化差异、沟通风格和商务策略。为了有效地克服沟通障碍，更好地塑造与传播品牌国际化形象，企业可以采取多方面策略。

对此，企业需要重视员工语言培训和文化素养的提升。企业在开展国际电商业务时，常常面临不同的语言和文化的挑战。通过系统的商务英语培训，不仅可以提高员工的语言能力，还可以增进他们对不同文化的理解。语言培训可以包括日常沟通、商务会谈、电子邮件和报告撰写等方面，而文化素养则可以通过学习目标市场的文化习惯、商务礼仪和社会价值观来实现。这样，当员工与来自不同文化背景的客户沟通时，他们能够更加得心应手，也更容易赢得客户的尊重和信任。

应用高新技术手段也是克服语言障碍的重要策略之一。随着人工智能和自然语言处理技术的进步，商务沟通中的语言翻译工具变得越来越高效。企业可以利用实时翻译软件、智能语音助手等技术来辅助跨语言交流，从而减少因语言误解带来的沟通障碍。同时，这些技术可以支持更大规模的数据处理，使企业能够更好地分析客户需求并调整其市场定位和策略。

制定明确的语言政策能为企业有效克服语言障碍提供方向。这一策略要求企业从战略高度出发，制定详细而灵活的语言使用指南。例如，确定何时使用本地语言、何时使用目标市场的语言，以及在这两者之间如何进行切换。此政策不仅适用于企业内部的沟通，也适用于外部的市场活动。这一系统化的语言管理，能够提高企业的运营效率，并避免因语言误解引发的误会和冲突。

采用本地化策略是电商企业进入国际市场时不可或缺的一环。语言障碍不仅仅表现在口语交流上，更体现在产品描述、客户服务以及品牌传播中。为了克服语言障碍，企业应致力于产品和服务的本地化调整。这意味着产品描述、使用说明、售后服务等内容均应切合当地语言和文化习惯，使消费者能够在充满亲切感的环境中进行购买决策。通过本地化策略，企业不仅能减轻语言障碍，还能增强品牌的本土吸引力，提高市场竞争力。

在不同文化的商务沟通中，灵活应用非语言沟通策略也能有效减少语言障碍的影响。非语言沟通包括肢体语言、视觉图像和声调等，通过对这些非语言信号的敏感应用和解读，企业能在一定程度上弥补语言上的不足。这些非语言工具被合理运用时，可以传达出相应的情感和态度，有助于清晰、准确地传递信息。同时，通过视频会议等方式，企业可通过面部表情和身体语言与客户建立情感联系，从而提升沟通效果。

拥有多元文化背景的团队也是一个有效的策略，这样不仅能为企业带来不同视角，还能在跨国业务中充当文化桥梁，帮助企业更好地理解和满足不同市场的需求。在这样一个团队中，成员之间可进行语言和文化互补，为企业在制定和实施市场策略时提供有价值的见解。

客户反馈机制的完善可以帮助企业识别和解决由语言障碍带来的问题。通过定期收集和分析客户反馈，企业能更好地理解客户在语言和沟通方面的体验与建议。例如，客户关于电子邮件回应速度、电话沟通清晰度等方面的反馈，能为企业优化其沟通策略提供具体指导。企业应高度重视这些反馈，及时进行改进，以增强用户体验。

综上所述，克服在电商市场中因语言产生的沟通障碍，是一个需要综合考虑和多方位努力的过程。企业必须通过内部语言能力建设、技术工具应用、文化灵敏度培养以及专业资源的整合等多种方式，不断提升其沟通能力，从而在全球电商市场中取得更为稳固和扩大的市场地位，也是其品牌国际化形象塑造与传播取得成功的关键所在。

第三节　商务视角下的市场定位案例分析

市场定位在商业环境中有着至关重要的作用，它不仅是一个企业成功突围的重要策略，更是其在激烈的市场竞争中持续生存和发展的根本保障。通过分析成功和失败的案例能够从中汲取经验教训，这对于企业调整自身的定位策略、优化资源配置，进而提升市场竞争力具有重要的启示作用。市场定位涉及对目标市场的划分及精确界定，以及综合考虑产品特性、消费者需求、竞争环境等诸多因素，以实现市场切入与占领的战略决策。

一、成功案例的启示分析

在成功的市场定位案例中，企业往往都具备准确的市场洞察能力。这种能力需要企业对市场需求、消费者心理及变化趋势有敏锐的把握。以某跨国电商平台为例，该平台在进入某一新市场时，通过深入研究当地消费者的购物习惯、文化背景、生活方式等因素，有针对性地优化了平台的产品展示及服务流程，并制定了符合当地需求的市场营销策略。这种基于深厚市场洞察的定位策略，使得该平台在进入该市场后迅速赢得了消费者的信任和喜爱，从而成功地夺取了市场份额。

市场定位中的一个重要因素是产品的差异化。成功的企业通常会通过创新、品质提升或服务改进等手段创造出独具竞争优势的产品，以吸引目标消费者。差异化策略能够帮助企业在同质化严重的市场中脱颖而出，并建立起独特的品牌认知。以某领先的电商时尚品牌为例，该品牌通过将时尚设计与科技创新结合，推出了智能穿戴设备，在时尚和科技市场上均产生了重大的影响。这种产品定位不仅满足了消费者对潮流和科技的双重需求，还有效地避开了传统服装市场的激烈竞争，创造了新的市场空间。

定价策略也是市场定位中不可或缺的一环。合理的定价策略不仅能直接影响产品销售，还能有效传达品牌的定位及价值。在成功的定价策略中，企业常常会通过市场细分、成本分析及消费者心理价位研究，来制定出与自身品牌形象相匹配的价格体系。例如，某高端电商平台为了彰显其高品质的品牌形象，采用了溢价策略，将其商品价格定位于市场平均价格以上，通过高价策略传达高端品质信息，吸引了特定消费者群体的青睐。

此外，消费者的体验和关系维护在市场定位的成功案例中扮演着越来越重要的角色。越来越多的企业通过加强与消费者的互动，以便及时获取市场反馈，优化产品与服务，为消费者提供个性化与增值服务。某领先的电商服务商通过构建强大的客户关系管理系统，与消费者建立情感联系，增强客户忠诚度，在竞争中持续维持了稳定的市场份额。

二、失败案例的教训分析

在电商市场中,也不乏失败的市场定位案例,从这些失败的案例中同样可以吸取重要的教训,这些教训对于企业的战略制定和执行具有重要的借鉴意义。

首先,有些企业在进行市场定位时,缺乏对目标消费者深入的洞察和理解。消费者需求是动态变化的,受外部环境、文化背景、经济情况以及科技发展的影响,不断演变和分化。若企业在产品开发和营销策略制定中忽视了这种动态变化,则很可能导致市场定位的失败。错误的消费者画像、不准确的消费偏好分析,以及忽视潜在的市场需求都是常见的失误。例如,有些企业在进入新市场时,仅依赖于过去的数据或对某些显性特征的假设,忽视了对当地消费者文化背景、消费习惯以及市场趋势的深入研究,最终导致产品或服务难以获得市场认可。

其次,对于市场竞争态势缺乏充分认知和评估也是导致市场定位失败的重要因素之一。电商市场竞争激烈,每个细分市场中都拥有众多竞争者。企业必须深刻理解竞争对手的定位策略、市场份额、产品优势以及它们的营销方案。如果企业未能有效识别和应对竞争者所带来的市场威胁,那么很容易在定位中失去主导地位。例如,有些企业在进入一个已经被知名品牌主导的市场时,没有找到自身的竞争优势,选择与成熟大品牌直接竞争,结果因缺乏价格、品牌及技术等方面的优势而败北。在这样的背景下,企业有必要结合市场空白点,寻找差异化定位的机会,以避开激烈的正面竞争。

再次,自身产品和服务的独特价值未能得到清晰传递,也是失败的常见原因。一个清晰且有吸引力的市场定位是建立在明确的产品优势和品牌价值之上的。然而,有些企业在市场定位时,未能清晰传达其产品或服务的独特性和核心价值,或者其所宣传的价值未能与目标消费者所关注的利益点产生共鸣。这通常会导致产品信息在市场中的传播失败,使得消费者难以在众多选择中感知到品牌的特别之处。某些企业可能过于强调价格竞争,而忽略了产品质量、用户体验或者售后服务等方面的独特卖点,这会降低消费者的总体满意度,削弱品牌忠诚度。

最后,对市场定位的重要性认识不足以及策略执行得不到位也可能导致定位失败。一些企业尽管理解市场定位的重要性，但却在执行过程中缺乏一致性和坚定性，导致市场信息混乱，品牌形象不稳定。例如，在营销渠道、广告宣传，甚至客户服务上，如果企业不能保持信息和策略的一致性，可能会让消费者对品牌的印象模糊不清，无法建立清晰的品牌认知。在电商平台上不断调整产品定位或者频繁地改变营销方向，都会影响企业在消费者心中的信任度。

上述种种因素，不仅揭示了市场定位失败的内在逻辑，也揭示了企业在市场定位过程中的关键注意事项。只有对消费者需求、市场竞争、自身价值有深刻理解和准确把握的企业，才能在市场定位中取得成功。企业应定期进行市场研究，提高对消费者需求的认知，密切关注市场发展和竞争态势，同时在产品开发和品牌建设中持续强化自身独特卖点。

有战略眼光和长远规划的企业，需要将市场定位视为一个动态的、长期的工作，不断适应变化、优化策略，以保持竞争优势。通过不断的审视和调整，企业才能在瞬息万变的电商市场中屹立不倒。

第四章
商务英语语言服务在电商中的需求分析

第一节 电商消费者的商务英语需求特征

一、电商消费者的语言偏好

在全球化电商市场中,语言偏好已成为影响消费者行为的关键变量,其背后折射出的是复杂的文化心理和认知习惯。多语种界面选择率作为衡量语言偏好的重要指标,不仅反映了消费者的母语依赖程度,更揭示了其对目标市场文化认同的深层次需求。数据显示,在跨境电商平台上,超过75%的非英语母语用户会优先选择母语界面,而当界面语言与用户母语不一致时,购物车放弃率会显著提升40%以上。这种现象表明,语言不仅是信息传递的工具,更是建立信任、降低认知负荷的重要媒介。消费者的语言选择往往受到文化认同、使用习惯和情感偏好的多重影响,其中文化认同起着决定性作用。当用户面对母语界面时,不仅能够更快速地理解产品信息,还会产生强烈的文化归属感,这种心理机制直接影响购买决策的形成。

从认知心理学的角度来看,语言偏好与信息处理效率之间存在密切关联。研究表明,使用非母语进行购物时,消费者需要调动更多的认知资源来处理语言信息,这种额外的认知负荷会显著影响决策质量。在电商场景中,消费者需要在有限的时间内处理大量产品信息,包括产品描述、用户评价、促销信息等,这些信息如果以非母语呈现,会大大增加认知负担,导致决策疲劳。特别是在移动端购物场景下，屏幕尺寸的限制进一步放大了语言障碍的影响，使得非母语用户更容易放弃购买。因此，电商平台的多语种支持不仅仅是简单的语言翻译，更需要考虑不同语言环境下的信息呈现方式和用户认知特点。

语言偏好的地域性特征在电商消费行为中表现得尤为明显。以欧洲市场为例，虽然英语作为通用语言被广泛使用，但在具体消费场景中，德语区用户对德语界面的偏好度高达90%，法语区用户对法语界面的选择率也超过85%。这种地域性偏好不仅体现在界面语言的选择上，还深刻影响着产品描述的语言风格和营销策略的制定。这种差异要求电商平台在提供多语种服务时，不能仅仅满足于语言的准确性，更要深入理解不同语言背后的文化内涵和表达习惯。

在移动互联网时代，语言偏好与设备使用习惯的交互影响日益显著。智能手机的普及使得移动端购物成为主流，而移动设备的屏幕尺寸和使用场景对语言呈现提出了更高要求。研究发现，在移动端购物时，用户对母语的依赖程度显著高于个人电脑端。这是因为移动设备的使用场景往往更加碎片化，用户需要在更短的时间内完成信息处理。同时，移动设备的输入方式也影响着语言偏好，例如，在中文等需要使用特定输入法的语言环境中，用户更倾向于使用中文进行搜索和交互。这种设备与语言的交互效应要求电商平台在移动端设计中充分考虑不同语言环境下的用户体验。

语言偏好的动态变化特征在跨境电商发展中值得特别关注。随着全球化进程的加速和多元文化交流的深入，消费者的语言偏好并非一成不变。年青一代的"数字原住民"往往表现出更强的多语言适应能力，他们能够更自如地在不同语言环境中切换，这种变化为电商平台的国际化战略提供了新的机遇。然而，这种多语言适应能力并不意味着对母语需求的降低；相反，它要求平台提供更加灵活和个性化的语言服务方案。例如，一些跨境电商平台开始采用智能语言切换系统，能够根据用户的地理位置、浏览历史和语言设置自动调整界面语言，这种动态适配机制有效提升了用户体验。

从技术实现的角度来看，满足多元化的语言偏好需求面临着诸多挑战。机器翻译技术的进步虽然大大降低了多语种支持的成本，但在电商场景中，简单的机器翻译往往难以满足专业性和准确性的要求。特别是在产品描述、法律条款等需要精确表达的领域，人工翻译仍然是不可替代的。同时，多语种支持还涉及界面设计、支付系统、客服系统等多个技术环节的协同，这对平台的技术架构提出了更高要求。一些领先的电商平台已经开始采用人工智能辅助翻译系统，结合人工审核机制，在保证翻译质量的同时提高效率，这种混合模式正在成为行业趋势。

语言偏好的满足程度直接影响着电商平台的用户黏性和转化率。研究表明，提供母语支持的电商平台，其用户留存率比仅提供通用语言的平台高出30%以上。这种差异不仅体现在直接的购买行为上，还反映在用户评价、社交分享等间接指标上。当用户能够使用母语进行完整的购物体验时，他们更愿意留下详细的评价，也更倾向于在社交平台上分享购物体验，这种正向循环对平台的长期发展至关重要。因此，对语言偏好的深入理解和精准满足，已经成为电商平台提升竞争力的关键要素。

二、消费者购买决策中的英语影响

在电商全球化进程中，消费者的购买决策过程呈现出显著的英语依赖性特征，这种依赖性在高单价商品的交易场景中表现得尤为突出。研究表明，当商品价格超过消费者心理预期阈值时，其决策过程会明显延长，信息收集的广度与深度显著提升，而英语作为全球通用商务语言，在这一过程中发挥着不可替代的作用。高单价商品往往涉及更复杂的技术参数、更严格的质量标准以及更专业的售后服务承诺，这些关键信息的准确传递高度依赖专业化的商务英语表达。以高端消费电子产品为例，产品描述中涉及的技术规格、性能参数、兼容性说明等专业术语的准确翻译与表述，直接影响着消费者对产品价值的认知与判断。

从认知心理学的角度来看，消费者在评估高单价商品时，会经历一个由浅入深的认知加工过程。在初始阶段，消费者通过产品标题和简要描述形成初步印象，这一阶段商务英语的简洁性和准确性至关重要。随着决策过程的深入，消费者会重点关注产品详情页中的技术参数、使用说明和售后保障等信息，此时商务英语的专业性和规范性成为影响决策的关键因素。研究表明，专业度不足的产品描述会导致消费者产生认知偏差，降低其对产品的信任度，进而影响购买决策。

消费者评价作为购买决策的重要参考依据，其可信度与英语表达质量呈现出显著的正相关关系。在跨境电商平台上，评价内容的语言规范性、逻辑连贯性以及情感表达的准确性，直接影响着潜在消费者的购买意愿。高质量的用户评价不仅能够提供真实的使用体验反馈，还能通过专业的语言表达增强说服力。相反，充斥着语法错误、用词不当的评价往往会降低其可信度，即使评价内容本身是真实的。这种现象在高单价商品的评价中表现得尤为明显，因为消费者在作出重大购买决策时，会特别关注评价的专业性和可信度。

从信息处理理论的角度分析，消费者在面对高单价商品时，会采取更为审慎的信息处理策略。他们不仅关注产品本身的特征，还会特别留意其他消费者的使用体验和评价。在这个过程中，商务英语的质量直接影响着信息的传递效率和可信度。专业的产品描述能够帮助消费者快速准确地理解产品特性，而高质量的评价则能够提供有价值的第三方视角，两者共同构成了消费者决策的重要信息基础。特别是在涉及技术参数、使用效果等专业领域时，准确、规范的英语表达显得尤为重要。

在跨境电商的实际运营中，语言服务的质量直接影响着转化率和客户满意度。数据显示，专业的产品描述和高质量的评价能够显著提升高单价商品的转化率。以某知名跨境电商平台为例，经过专业语言服务优化的产品页面，其转化率比未优化页面高出 30% 以上。专业的商务英语服务不仅能够提升产品描述的准确性和吸引力，还能通过规范化的评论管理，提高用户生成内容的质量和可信度。

从文化传播的角度来看，商务英语在电商领域的应用还需要考虑文化差异带来的影响。高单价商品的购买决策往往涉及更深层次的文化认同和价值判断，这就要求语言服务不仅要做到准确传达信息，还要能够跨越文化障碍，实现有效的多元文化沟通。例如，在奢侈品电商领域，产品描述不仅需要准确传达产品的物理属性，还需要通过恰当的语言表达传递品牌的文化内涵和历史价值。这种深层次的文化传播，对商务英语服务提出了更高的要求。

随着人工智能技术的发展，语言服务在电商领域的应用正在发生深刻变革。机器翻译、自然语言处理等技术的进步，为提升商务英语服务的效率和质量提供了新的可能。实践证明，在高单价商品的场景中，人工翻译和编辑仍然是确保语言服务质量的关键。未来，如何将人工智能技术与专业人才的优势相结合，提供更高质量的商务英语服务，将成为电商平台提升竞争力的重要方向。

三、语言服务对消费体验的增强

在电商全球化进程中，语言服务已成为提升消费体验的关键要素，而商务英语作为国际通用语言，其服务质量的优劣直接影响着消费者的购买决策和品牌忠诚度。多语言增强现实（Augmented Reality，AR）客服和本地化支付提示作为新兴的语言服务形式，正在重塑跨境电商的用户体验。多语言 AR 客服通过 AR 技术，将传统的文字或语音客服升级为可视化的交互体验，消费者可以通过智能设备实时获取产品信息、使用指导等支持服务，这种沉浸式的沟通方式不仅突破了语言障碍，更通过直观的视觉呈现降低了理解成本。研究表明，采用了多语言 AR 客服的电商平台的用户满意度提升了约 35%，退货率降低了 20%，这充分证明了语言服务创新对消费体验的积极影响。

本地化支付提示作为语言服务的另一重要维度，其价值体现在对消费者心理的精准把握上。不同文化背景的消费者对支付方式、货币单位、结算流程等存在显著差异，而商务英语的本地化应用能够有效消除这些认知障碍。如果在消费者购物过程中配以符合当地文化习惯的支付流程说明，这种细微的语言服务优化能够显著提升支付成功率。数据显示，经过本地化优化的支付页面的转化率，比未优化前平均提升了 42%，这充分说明了语言服务在提升用户体验方面的经济价值。

从认知心理学的角度来看，语言服务对消费体验的增强作用主要体现在降低认知负荷和提升情感认同两个层面。多语言 AR 客服通过视觉化呈现减轻了用户的信息处理负担，而本地化支付提示则通过文化适配增强了用户的情感共鸣。这种双重效应不仅提升了即时的购物体验，更在潜移默化中建立了品牌与消费者之间的情感连接。例如，某国际电商平台在引入多语言 AR 客服后，其用户留存率提升了 28%，复购率增长了 15%，这充分证明了优质语言服务对用户黏性的提升作用。

在技术实现层面，多语言 AR 客服和本地化支付提示的落地需要依托先进的语言处理技术和文化适配能力。自然语言处理技术的进步使得实时语音翻译和语义理解成为可能，而机器学习算法的应用则能够根据用户行为数据不断优化语言服务策略。例如，通过分析用户交互数据，系统可以自动调整 AR 客服的语速、用词复杂度等参数，以适应不同语言水平用户的需求。这种智能化的语言服务不仅提升了服务效率，更确保了服务质量的持续优化。

从商业价值的角度来看，优质的语言服务已成为电商平台的核心竞争力之一。多语言 AR 客服和本地化支付提示的投入虽然增加了运营成本，但其带来的用户增长和转化率提升远远超过了投入成本。以某跨境电商平台为例，在引入多语言 AR 客服系统后，其国际市场的销售额同比增长了 65%，而用户投诉率下降了 40%。这种显著的商业效益证明了语言服务创新在电商领域的战略价值。

在用户体验的微观层面，语言服务的优化还体现在细节的打磨上。例如，多语言 AR 客服不仅提供语言翻译服务，还会根据用户的文化背景调整服务礼仪和沟通方式，这种文化敏感性大大提升了用户的舒适度。同时，本地化支付提示不仅关注语言的准确性，还会考虑当地用户的支付习惯和心理预期，这种全方位的语言服务优化使用户在整个购物流程中都感受到贴心和专业。

展望未来，随着人工智能和虚拟现实技术的进一步发展，语言服务在电商领域的应用将更加智能化和个性化。多语言 AR 客服可能进化成为全天候的智能购物助手，而本地化支付提示将实现更深层次的文化适配。这种持续创新的语言服务不仅将推动电商行业的国际化发展，更将为全球消费者带来前所未有的购物体验。在这个过程中，商务英语作为基础语言工具，其重要性将更加凸显，而如何将语言服务与技术创新深度融合，将成为电商企业在全球市场制胜的关键。

第二节　电商平台对商务英语服务的高标准要求

一、语言服务质量标准

在电商全球化进程中，语言服务质量标准的确立不仅是基础性工作，更是决定企业能否在国际市场站稳脚跟的关键因素。

准确性作为语言服务的首要标准，其重要性不仅体现在语法层面的正确性，更在于对专业术语的精准把握。以跨境电商平台为例，产品描述中的技术参数、规格说明等信息的准确传达，直接关系到消费者的购买决策。一个看似微小的语法错误或术语误用，可能导致产品被海关扣留或引发消费者投诉，进而造成经济损失和品牌信誉受损。特别是在涉及医疗设备、电子产品等专业领域时，语言准确性更是不容忽视，因为任何细微的偏差都可能引发严重的法律纠纷或安全事故。

一致性标准在电商语言服务中扮演着维持品牌形象和用户体验的重要角色。当消费者在不同平台、不同渠道接触到同一品牌时，统一的术语体系和表达方式能够强化品牌认知，提升用户信任度。以某跨境电商平台为例，其全球站点在商品分类、功能描述、售后服务等方面都保持着高度一致的术语体系，这不仅降低了用户的认知成本，也为平台运营提供了标准化支持。在跨境电商的实际运营中，一致性还体现在多语言版本的同步更新上，确保不同语言版本的产品信息、促销活动等内容保持同步，避免因信息不对称导致的用户困惑或投诉。

情感适配性作为语言服务的高级标准，要求语言表达不仅要准确、一致，更要与具体场景和受众特征相匹配。在电商环境中，不同场景下的语言表达需要呈现出不同的情感色彩。例如，在售前咨询环节，语言风格应当偏向专业、理性，以建立用户对产品的信任；而在促销活动页面，则需要采用更具感染力和号召力的语言风格，激发用户的购买欲望。特别是在处理客户投诉时，语言的情感适配性显得尤为重要，既要表现出对用户问题的重视，又要保持专业性和克制性，避免情绪化表达。以某跨境电商平台为例，其客服系统会根据用户所在地区、文化背景等因素，自动调整语言风格和表达方式，确保沟通效果的最优化。

在实践层面，以上三个标准并非孤立存在，而是相互关联、相互支撑的有机整体。准确性是基础，一致性是保障，情感适配性则是提升用户体验的关键。以跨境电商平台的产品描述为例，准确的技术参数是基础，统一的术语体系是保障，而能够打动消费者的产品故事和情感共鸣则是促成交易的关键因素。特别是在社交媒体营销日益重要的今天，语言服务的情感适配性往往能够决定营销活动的成败。

从技术实现的角度来看，这三个标准的落地需要依托先进的语言技术支持和严格的质量控制体系。机器翻译、自然语言处理等技术的应用，为语言服务的准确性提供了技术保障；术语库管理系统和翻译记忆库的建立，则为一致性标准的实现提供了工具支持；而基于大数据分析的用户画像和情感分析技术，则为情感适配性的实现提供了科学依据。以某翻译软件为例，其最新版本已经能够根据上下文语境自动调整翻译风格，在保持准确性的同时，也注重情感表达的适配性。

然而，在全球化电商环境中，语言服务质量标准的实施仍面临诸多挑战。文化差异、地域特色、行业特性等因素都会对标准的执行产生影响。以奢侈品电商为例，其语言服务不仅需要满足基本的标准要求，更要体现出品牌的高端定位和文化内涵。这就要求语言服务提供者不仅要具备扎实的语言功底，还要对目标市场的文化特征、消费心理有深入的理解。因此，在制定和实施语言服务质量标准时，必须充分考虑行业特性和目标市场的具体情况，制订差异化的执行方案。

随着人工智能技术的不断进步和跨境电商的持续发展，语言服务质量标准也将不断演进。准确性标准将向智能化、实时化方向发展，一致性标准将向多维度、动态化方向延伸，而情感适配性标准则将向个性化、精准化方向深化。这不仅要求电商企业持续投入资源优化语言服务体系，也要求语言服务提供者不断提升专业能力，以适应日益复杂的市场需求。在这个过程中，建立科学的质量评估体系和持续改进机制，将成为确保语言服务质量标准有效实施的关键。

二、品牌对语言表现力的要求

奢侈品品牌的语言风格往往呈现出一种优雅、精致且富有历史感的特质，这种特质源于品牌对自身文化积淀的自信以及对高端消费群体的深刻理解。以某奢侈品品牌为例，其官网和社交媒体文案中频繁使用诸如"传承""匠心""臻品"等词汇，这些词汇不仅传递了产品的高端属性，更构建了一个充满艺术气息和历史厚重感的品牌形象。这种语言策略的成功之处在于，它能够唤起消费者对品牌文化的情感共鸣，使产品超越了单纯的物质属性，成为一种文化符号。

相比之下，快时尚品牌的语言风格则呈现出截然不同的特征。以某快时尚品牌为例，其语言策略更注重简洁、直接和时效性。这类品牌在电商平台上的语言表达往往采用短句、流行语和数字化的表达方式，如"新品速递""限时折扣""24小时送达"等。这种语言风格的形成源于快时尚品牌对年轻消费群体心理的精准把握，品牌深知这一群体追求时尚、注重效率的消费特点。快时尚品牌的语言策略不仅体现在产品描述上，更贯穿于整个购物体验过程中，从商品详情页到购物车提醒，都力求用最简洁明了的语言传达信息，以提高转化率。

从文化内涵的角度来看，奢侈品品牌与快时尚品牌在语言表现力上的差异还体现在对文化符号的运用上。奢侈品品牌往往会在语言中融入艺术、历史、地理等文化元素，如"灵感源自巴黎圣母院的哥特式建筑""传承自文艺复兴时期的工艺"等。这种文化符号的运用不仅标注了品牌的文化品位，也为消费者构建了一个充满想象力的消费场景。而快时尚品牌则更倾向于使用当下流行的文化符号，如网络热词、影视剧台词等，这种策略能够快速拉近品牌与年轻消费者的距离，但也面临着文化符号快速更迭带来的挑战。

在消费者心理把握方面，奢侈品品牌与快时尚品牌的语言策略也呈现出显著差异。奢侈品品牌的语言往往采用一种略显"疏离感"的表达方式，通过使用专业术语、艺术词汇等，营造出一种与品牌定位相匹配的氛围。这种策略不仅能够筛选出真正的目标客户，还能增强品牌的神秘感和吸引力。而快时尚品牌则多采用突出"亲和力"的语言策略，通过使用口语化、网络化的表达方式，让消费者感受到品牌的平易近人和与时俱进。这种策略能够快速建立品牌与消费者之间的情感链接，但也需要注意避免过度口语化带来的品牌价值稀释。

从语言风格的具体应用来看，奢侈品品牌与快时尚品牌在文案创作、视觉呈现和互动方式上都存在明显差异。奢侈品品牌的文案往往会采用长句、复合句，注重语言的韵律感和美感，如"在晨曦的微光中，一针一线都诉说着匠人的执着与热爱"。这种语言风格不仅能够展现品牌的文化底蕴，还能为消费者营造一种沉浸式的购物体验。而快时尚品牌的文案则更注重信息的直接传达，如"新款上市，限时7折"，这种简洁明了的表达方式能够快速抓住消费者的注意力，提高转化率。

在视觉呈现方面，奢侈品品牌往往采用高品质的图片和视频，配合富有诗意的文字描述，营造出一种艺术画廊般的购物体验。这种视觉与语言的结合，不仅能够展现产品的精致细节，还能提升品牌的整体格调。而快时尚品牌则更注重视觉冲击力和信息密度，通过大量使用模特展示、场景搭配等方式，让消费者能够快速了解产品的特点和搭配方式。这种视觉策略配合简洁的语言表达，能够有效提高购物效率，满足快时尚消费者的需求。

在互动方式上，奢侈品品牌与快时尚品牌也采用了不同的语言策略。奢侈品电商往往采用一种"一对一"的专属服务模式，通过私人定制、专属顾问等方式，为消费者提供个性化的语言服务。这种策略不仅能够提升消费者的购物体验，还能增强品牌与消费者之间的情感链接。而快时尚品牌则更注重大众化的互动方式，通过社交媒体、直播带货等方式，与消费者进行即时互动。这种策略能够快速响应市场需求，但也需要品牌在语言表达上保持一定的专业性和规范性。

总的来说，奢侈品品牌与快时尚品牌在语言表现力上的差异化策略，反映了其对不同品牌定位、文化内涵和消费者心理的深刻理解。奢侈品品牌通过优雅、精致的语言风格，构建了一个充满艺术气息和历史厚重感的品牌形象；而快时尚品牌则通过简洁、直接的语言表达，满足了年轻消费者追求时尚、注重效率的需求。这两种不同的语言策略，不仅体现了品牌对目标市场的精准把握，也为电商行业的语言服务提供了宝贵的经验和启示。

三、商务英语在平台竞争力中的作用

主流电商平台的多语言支持完善度与其市场份额呈现出显著的正相关关系，这一现象不仅反映了语言服务在全球化运营中的战略价值，更揭示了商务英语在提升平台竞争力中的多维作用。从亚马逊、阿里巴巴到 eBay，这些行业领军者都将多语言服务作为其国际化战略的核心组成部分，通过构建完善的商务英语服务体系，实现了对全球市场的深度渗透和精准触达。

深入分析主流电商平台的多语言支持体系，可以发现其完善度与市场份额之间的关联性主要体现在三个维度：市场覆盖广度、用户黏性强度以及品牌认知深度。以亚马逊为例，其支持超过 20 种语言的平台界面和客服系统，不仅降低了非英语用户的进入门槛，更通过本地化的语言服务提升了用户体验。这种多语言支持策略使其能够快速适应不同文化背景的市场需求，在全世界多个区域市场保持领先地位。数据显示，提供完善多语言支持的平台在新兴市场的用户增长率比仅支持单一语言的平台高出40%以上，这充分说明了商务英语服务在拓展市场边界方面的重要作用。

从用户黏性的角度来看，商务英语服务的质量直接影响着平台的用户留存率和转化率。研究表明，当电商平台能够提供专业、准确的商务英语服务时，用户的购买意愿会提升35%，复购率增加28%。这是因为高质量的商务英语服务不仅体现在语言翻译的准确性上，更体现在对目标市场文化习俗、消费习惯的深刻理解上。例如，某国际电商平台在拓展东南亚市场时，不仅提供英语服务，还针对当地文化特点开发了具有区域特色的商务英语表达方式，这种深度本地化的语言服务策略显著提升了平台在目标市场的竞争力。

在品牌认知层面，商务英语服务已成为塑造电商平台国际形象的重要工具。一个能够提供专业商务英语服务的电商平台，往往会被用户视为更具可信度和专业性的国际品牌。这种品牌认知的提升不仅体现在用户评价中，更反映在平台的搜索排名和社交媒体影响力上。以某国际电商平台为例，其通过建立专业的商务英语服务团队，确保平台信息、产品描述和客户沟通都达到国际标准，这种持续的语言服务投入使其在全球电商平台中保持了稳定的品牌影响力。数据显示，提供高质量商务英语服务的平台在国际市场的品牌认知度比竞争对手高出25%，这直接转化为更高的市场份额和用户忠诚度。

然而，构建完善的商务英语服务体系并非易事，这需要平台在技术、人才和运营等多个维度进行系统性投入。从技术层面来看，人工智能和机器翻译技术的应用正在改变传统的商务英语服务模式。领先的电商平台已经开始将人工智能翻译技术与人工审核相结合，在保证翻译准确性的同时大幅提升服务效率。例如，某跨境电商平台开发的神经网络翻译系统能够实时处理数百万条产品信息，确保不同语言版本的内容保持高度一致，这种技术优势直接转化为平台的市场竞争力。

在人才储备方面，具备跨文化沟通能力的商务英语专业人才成为平台竞争的关键资源。这不仅要求员工具备扎实的语言能力，更需要其对目标市场的商业文化、消费心理有深入理解。为此，领先的电商平台都建立了完善的人才培养体系，通过内部培训、国际交流等方式持续提升团队的商务英语服务能力。这种人才优势使得平台能够快速响应不同市场的需求变化，在竞争中保持领先地位。

从运营策略的角度来看,商务英语服务已经成为平台差异化竞争的重要抓手。通过提供定制化的商务英语服务,平台可以更好地满足特定用户群体的需求,从而在细分市场建立竞争优势。例如,一些专注于高端消费品的电商平台,通过提供专业级的商务英语服务,成功塑造了高端、专业的品牌形象,吸引了大量高净值用户。这种基于语言服务的差异化策略,不仅提升了平台的盈利能力,更增强了其在特定市场的竞争力。

随着全球电商市场的持续扩张,商务英语服务在平台竞争力中的作用将更加凸显。那些能够持续优化商务英语服务体系、提升多语言支持能力的平台,将在全球竞争中占据更有利的位置。这不仅需要平台在技术、人才和运营等方面持续投入,更需要建立起以用户需求为导向、以文化理解为支撑的商务英语服务生态体系。在这个过程中,商务英语服务将不再仅仅是语言转换的工具,而是成为平台核心竞争力的重要组成部分,推动电商平台在全球市场实现更高质量的发展。

第三节　电商企业的商务英语服务需求综合评估

一、企业内部沟通与外部客户交流

在跨境电商运营中,企业内部沟通与外部客户交流构成了语言服务的双重维度,其中英语作为通用语言的选择既是必然也是挑战。从企业内部来看,跨境团队往往由不同文化背景、语言能力的成员组成,这种多样性在带来创新思维的同时,也增加了沟通成本。研究表明,在跨国团队中,语言障碍导致的误解会使项目完成时间延长15%～20%,而信息传递的准确率则可能下降30%以上。特别是在产品开发、市场策略制定等关键环节,技术术语的准确传达、文化内涵的恰当表达都直接影响着决策质量。例如,在跨境电商平台的产品描述中,一个简单的词语选择失误就可能导致目标市场的理解偏差,进而影响销售转化率。

从外部客户交流的角度，商务英语服务需求呈现出多层次、多维度的特征。跨境电商平台需要处理的不仅是简单的商品信息传递，更涉及售后咨询、纠纷处理、品牌形象维护等复杂场景。数据显示，使用专业商务英语服务的电商平台，其客户满意度评分平均高出行业水平12%，而客户流失率则降低约8%。这种差异源于专业语言服务在文化适配性、表达准确性和情感共鸣等方面的优势。特别是在处理跨文化客户投诉时，恰当的语言策略能够将负面体验转化为品牌忠诚度的提升机会。例如，某知名跨境电商平台通过建立多语言客户服务团队，将平均问题解决时间缩短了40%，同时将客户回购率提升了25%。

在实践层面，商务英语服务需求评估需要建立科学的指标体系。这包括语言准确性、文化适配度、响应时效性、沟通效率等多个维度。通过对100家跨境电商企业的调研发现，85%的企业将"多元文化沟通能力"列为商务英语服务最重要的评估指标，其次是"专业术语掌握度"和"应变能力"。这种需求导向促使语言服务提供商不断创新服务模式，如开发智能翻译系统、建立多语言知识库、提供24小时实时翻译支持等。值得注意的是，随着人工智能技术的发展，人机协作的混合模式正在成为主流，既保证了沟通的准确性，又提高了服务效率。

跨境电商的快速发展对商务英语服务提出了更高的要求。传统的翻译服务已无法满足需求，取而代之的是集语言服务、文化咨询、市场洞察于一体的综合解决方案。这种转变体现在多个层面：在战略层面，语言服务需要与企业的市场定位、品牌策略深度结合；在运营层面，需要建立标准化的语言服务流程和质量控制体系；在技术层面，则需要充分利用大数据、人工智能等新技术提升服务效能。例如，某跨境电商平台通过建立智能语言服务平台，将产品上架时间缩短了60%，同时将多语言内容的准确率提升至98%以上。

面对全球化竞争，跨境电商企业的语言服务需求呈现出明显的专业化、定制化趋势。这不仅体现在语言能力的要求上，更反映在对行业知识、文化洞察、市场趋势的把握上。优秀的商务英语服务提供者需要具备"语言+专业"的双重能力，能够准确理解行业术语、把握市场动态、预判客户需求。这种专业化的需求推动着语言服务行业的转型升级，促使服务提供商从单纯的翻译服务向综合解决方案转变。例如，某跨境电商服务商通过建立行业专属术语库和文化适配模型，帮助客户将市场拓展周期缩短了 30%。

在评估商务英语服务需求时，还需要考虑成本效益的平衡。高质量的语言服务虽然能够带来显著的商业价值，但也意味着更高的投入成本。因此，企业需要建立科学的评估体系，综合考虑服务成本、质量要求、业务规模等因素，选择最适合的服务模式。这包括自建语言服务团队、外包专业服务、采用智能翻译工具等多种选择。数据显示，采用混合服务模式的企业在成本控制和效果达成方面往往能够取得最佳平衡，其投资回报率比单一模式高出 20% ～ 30%。

随着跨境电商进入精细化运营阶段，商务英语服务的需求评估也需要与时俱进。这不仅要求服务提供方具备专业的语言能力，更需要深入理解电商行业的运营逻辑、市场特点和用户需求。未来的语言服务将更加注重数据驱动、智能化和个性化，通过精准的语言策略帮助电商企业实现全球市场的深度渗透。例如，通过分析用户行为数据，定制个性化的语言服务方案，可以显著提升用户黏性和转化率。这种趋势预示着商务英语服务正在从辅助工具向核心竞争力转变，成为跨境电商成功的关键要素之一。

二、多元化市场的语言适配

在全球化电商市场中，语言适配不仅是简单的翻译工作，更是文化解码与价值重构的过程。以某国际知名美妆品牌为例，其针对不同地区的产品文案呈现出截然不同的语言策略，这种差异背后折射出的是对目标市场文化特征、消费心理和价值观的深度把握。文案"empower your beauty"（释放你的美）的表述，突出了产品的个性化特征和消费者自我价值的实现；文案"enhance your elegance"（提升你的优雅）的措辞，则更强调产品与传统文化审美的契合。

从语言风格的选择来看，有的文案通常采用直接、简洁的表达方式，这与一些文化中推崇的直率沟通方式相吻合。例如，在描述产品功效时，会使用"instant visible results"（即时可见效果）这样明确的表述。相比之下，有的文案则更倾向于使用委婉、含蓄的表达，如"gradual transformation"（渐进式改变），这种表达方式与一些文化中注重和谐、避免直接冲突的沟通习惯相契合。这种语言风格的差异不仅体现在词汇选择上，还反映在句式结构、修辞手法等多个层面。

在文化符号的运用上，有的文案往往强调创新、科技感，会使用"cutting-edge technology"（尖端科技）这样的表述来突出产品的技术含量。而有的文案则更注重传统与现代的结合，会使用"ancient wisdom meets modern science"（古老智慧与现代科学的结合）这样的表达，既展现了产品的科技含量，又强调了与传统文化的连接。这种文化符号的选择差异源于不同市场消费者对产品价值认知的差异，如是更倾向于接受创新突破，还是更看重传统与现代的平衡。

从消费者心理诉求的角度来看，有的文案往往强调个人成就与自我实现，会使用"be the best version of yourself"（做最好的自己）这样的表述来激发消费者的自我提升欲望。而有的文案则更注重家庭、社会关系的维系，会使用"bring out your natural beauty for special occasions"（在特殊场合展现你的自然美）这样的表达，将产品使用场景与家庭、社交活动联系起来。这种差异反映了不同文化背景下消费者对产品价值的不同期待。

在视觉元素的配合上，有的文案通常与简洁、现代的视觉设计相配合，强调产品的科技感和时尚感。而有的文案则往往与更具装饰性的视觉元素相结合，采用金色、深蓝等传统色彩，以及具有地域特色的图案设计。这种视觉语言的差异不仅增强了文案的传播效果，也体现了对不同市场审美偏好的尊重。

从营销策略的角度来看，有的文案更注重功能性诉求，会详细列出产品的成分、功效等具体信息，如"contains 5% vitamin C for brighter skin"（含5%维生素C，提亮肤色）。而有的文案则更注重情感诉求，会使用"rejuvenate your skin like a desert oasis"（如沙漠绿洲般焕活肌肤）这样的比喻，将产品功效与地域文化意象相结合。这种差异反映了不同市场消费者对产品信息接受方式的不同偏好。

在品牌形象的塑造上，有的文案往往强调品牌的创新性和专业性，会使用"pioneering skincare solutions"（开创性的护肤方案）这样的表述来建立品牌的技术权威形象。而有的文案则更注重品牌的亲和力和文化认同感，会使用"your trusted beauty companion"（你值得信赖的美容伙伴）这样的表达来拉近与消费者的距离。这种品牌形象塑造的差异体现了不同市场消费者对品牌价值的不同期待。

这种多元化的语言适配策略不仅体现在文案层面，还延伸到产品命名、包装设计、营销活动等多个方面。例如，在欧美市场，产品名称可能直接使用英文原版，而在其他市场则可能会根据当地语言习惯进行调整，既保持品牌识别度，又增强文化亲和力。这种全方位的语言适配策略是电商企业成功开拓全球市场的关键，它不仅需要专业的语言能力，更需要深入的文化理解和市场洞察。

三、对客户评价的语言分析

在电商全球化进程中，自然语言处理（Natural Language Processing，NLP）技术的引入，为海量客户评价的深度挖掘提供了技术支撑，使得企业能够从非结构化文本中提取有价值的信息，进而优化产品页面，提升转化率。通过 NLP 技术对客户评价进行语义分析，企业可以识别出高频关键词、情感倾向以及潜在需求，这些数据经过系统化处理后，能够为产品页面的优化提供科学依据。

客户评价中的语言特征往往蕴含着丰富的市场信息，这些信息通过传统的人工分析方式难以全面捕捉。NLP 技术的应用，使得企业能够从海量评价中提取出具有代表性的关键词，这些关键词不仅反映了产品的核心卖点，也揭示了消费者的关注焦点。例如，在电子产品领域，通过分析客户评价，可能会发现"续航时间""屏幕清晰度"等关键词频繁出现，这些信息可以直接指导产品页面的内容优化，确保重点突出消费者最关心的产品特性。同时，NLP 技术还能够识别出评价中的情感倾向，帮助企业了解消费者对产品的满意度，从而及时调整营销策略。

在具体实施过程中，NLP 技术的应用需要结合电商平台的特点进行定制化开发。以某跨境电商平台为例，其评价系统包含了星级评分、文字评论、图片评论等多种形式，这就要求 NLP 模型能够处理多模态数据。通过建立专门的情感分析模型，企业可以准确识别出评论中的正面、负面情绪，并结合关键词提取结果，生成可视化的数据分析报告。这些报告不仅能够指导产品页面的优化，还可以为产品研发提供方向性建议。例如，当发现多个评价都提到"充电速度慢"这一问题时，企业就可以考虑在下一代产品中改进充电技术，并在产品页面中突出这一改进点。

NLP 技术在客户评价分析中的应用，还体现在对潜在需求的挖掘上。通过主题模型（Topic Model）等高级算法，企业可以发现评价中隐含的消费者期望。例如，在分析某款智能手表的评价时，可能会发现"健康监测功能""运动数据分析"等主题频繁出现，这表明消费者对健康管理功能有较高期待。基于这些发现，企业可以在产品页面中强化相关功能的介绍，甚至考虑开发新的功能模块来满足市场需求。这种基于数据驱动的决策方式，能够显著提高产品与市场需求的匹配度。

在实际操作中，NLP 技术的应用效果往往取决于数据预处理的质量。由于客户评价中存在大量的非标准表达、拼写错误以及网络用语，这就要求在分析前进行严格的数据清洗和标准化处理。通过建立专门的语料库和词典，可以有效提高关键词提取的准确性。例如，对于"很好用""超级棒"等口语化表达，可以通过情感词典将其归类为正面评价，从而确保分析结果的可靠性。同时，针对不同语种的评价，还需要建立多语言处理模型，以确保分析的全面性。

将 NLP 分析结果应用于产品页面优化时，需要遵循用户体验优先的原则。通过 A/B 测试等方法，可以验证不同页面设计对转化率的影响。例如，当分析结果显示消费者特别关注某款相机的"夜景拍摄效果"时，可以在产品页面中增加相关样张展示，并通过对比测试来评估这种优化对销售转化的实际效果。这种数据驱动的优化方式，不仅能够提高页面的转化率，还能够增强消费者的购买信心。

随着人工智能技术的不断发展，NLP 技术在客户评价分析中的应用也在不断深化。未来，结合深度学习技术，可以实现更精准的情感分析和需求预测。例如，通过建立基于注意力机制的神经网络模型，可以更准确地捕捉评论中的关键信息，甚至预测未来的消费趋势。这种技术革新将为电商企业的精准营销提供更强有力的支持，推动整个行业向数据驱动的方向发展。在这个过程中，企业需要不断优化技术应用流程，确保分析结果的准确性和实用性，从而真正实现通过语言服务提升电商运营效率的目标。

第四节　商务英语语言服务与国际用户体验的提升

一、注重多语言平台的用户访问便利性

研究表明,当用户能够在进入网站的第一时间找到熟悉的语言选项,且切换过程无须重新加载页面时,其继续浏览的可能性将提升 40% 以上。这种流畅的语言切换体验,实质上是在消除用户的心理障碍,降低因语言不通而产生的认知负荷,从而为后续的购物行为创造良好的心理基础。

本地化支付方式的提示与语言切换的协同效应,进一步强化了这种便利性。当用户完成语言切换后,系统能够智能识别其所在地区,并自动展示符合当地使用习惯的支付方式,这种无缝衔接的体验设计显著提升了用户的信任感。数据表明,采用智能支付方式提示的电商平台,其支付成功率比未采用该功能的平台高出 35%。

从技术实现层面来看,多语言平台的访问便利性需要依托先进的内容管理系统(Content Management System,CMS)和语言服务应用程序编程(Application Programming Interface,API)接口。通过构建多语言内容库,实现不同语言版本间的实时同步更新,确保产品信息、促销活动等核心内容的准确性和时效性。同时,采用智能语言识别技术,能够根据用户的 IP 地址、浏览器语言设置等参数,自动推荐最匹配的语言版本,这种主动式的服务设计大大提升了用户的访问效率。值得注意的是,语言切换功能的设计还需要考虑文化适配性,如阿拉伯语等从右至左书写的语言,需要同步调整页面布局和导航结构,以提供真正的本地化体验。

在提升转化率的具体实践中,多语言平台的访问便利性往往与个性化推荐系统相结合。当用户选择特定语言版本后,系统能够基于该语言区域的文化特征、消费习惯和节日特点,推送更具针对性的商品和服务。例如,在不同语言版

本中或突出展示适合家庭聚会的产品组合，或强调精致包装和礼品属性。这种深度本地化的内容呈现方式，使得语言服务不再是简单的文字转换，而是成为连接用户需求与产品价值的桥梁。研究数据显示，采用个性化推荐的多语言平台，其转化率比标准版本平均高出28%。

支付环节的本地化提示同样需要精细化的运营策略。除了展示符合当地使用习惯的支付方式外，还需要考虑支付流程的简化、支付安全提示的本地化表达，以及售后服务的语言支持。这种全方位的支付本地化服务，不仅提升了支付成功率，更通过细节处的用心赢得了用户信赖。据统计，完善的支付本地化服务能够将购物车放弃率降低20%以上。

从用户体验的完整链路来看，多语言平台的访问便利性还需要与后续的客户服务形成闭环。当用户完成语言切换并开始浏览后，实时的在线客服支持、多语言版本的常见问题解答以及售后服务的语言一致性，都是确保用户体验流畅性的重要环节。特别是在处理退换货、订单查询等售后问题时，保持与购买时相同的语言服务，能够显著提升用户的满意度和复购意愿。数据显示，提供全流程多语言支持的电商平台，其用户留存率比单一语言平台高出30%。

随着人工智能和机器学习技术的进步，多语言平台的访问便利性将朝着更加智能化的方向发展。基于用户行为数据的深度学习，系统能够预测用户的语言偏好，实现"未切换先准备"的智能服务；自然语言处理技术的突破，使得实时语音翻译和多语言智能客服成为可能，这将进一步打破语言障碍，为全球用户提供无缝的购物体验。在这个过程中，商务英语作为连接不同语言文化的桥梁，其价值将得到更充分的体现，不仅体现在语言转换的技术层面，更体现在跨文化沟通的策略层面，为电商企业的全球化布局提供强有力的支持。

二、注重文化差异与语言服务

节日营销作为电商平台的重要营销节点，其语言服务的文化适配性直接影响着用户的情感体验和购买决策。以春节营销为例，外国电商平台在向中国市场推广时，若简单将"Happy New Year"作为祝福语，虽然语法正确，却难以引发中国消费者的情感共鸣。相比之下，采用"恭贺新春""万事如意"等具有中国文化特色的祝福语，不仅能够准确传达节日氛围，更能体现品牌对中国文化的尊重和理解。这种文化适配性的语言服务，往往能够显著提升用户的好感度和品牌认同感。

　　色彩象征意义的跨文化差异是另一个值得深入探讨的领域。在电商平台的视觉设计和产品描述中，色彩的运用往往承载着特定的文化内涵。这种文化差异若未被充分考虑，可能导致品牌传播效果大打折扣。某国际知名电商平台在某国市场推广时，曾因使用白色作为主色调而遭遇市场冷遇，原因在于白色在当地文化中与丧葬仪式相关联。通过商务英语语言服务团队的专业介入，该平台及时调整了视觉策略，采用当地文化中代表繁荣和幸福的橙色系，最终实现了营销效果的显著提升。

　　文化差异不仅体现在视觉元素和祝福语的选择上，更深入影响着产品命名、广告文案等各个层面。以茶叶产品为例，若将"Black Tea"用于中国市场可能会引发误解，因为中国消费者更习惯"红茶"这一称谓。这种语言服务的文化适配性不仅关系到产品的市场接受度，更影响着品牌的国际化形象塑造。某国际茶叶品牌在进入中国市场时，通过专业的商务英语语言服务团队，不仅准确翻译了产品名称，更深入挖掘了中国茶文化内涵，在营销文案中融入了"茶道""禅意"等文化元素，成功塑造了高端品牌形象。

　　在跨境电商的客服环节，文化差异的影响更为显著。不同文化背景的消费者在沟通方式、问题表达、期待回应等方面存在显著差异。如有的地区往往倾向于直接表达诉求，期待快速、明确的解决方案；而有的地区则更注重沟通的礼貌性和委婉性，过于直接的回应可能被视为不尊重。商务英语语言服务团队需要根据不同文化背景调整沟通策略，在保持专业性的同时，确保服务方式的文化适配性。某跨境电商平台通过建立多文化客服团队，针对不同地区消费者制定差异化的服务话术和响应策略，显著提升了客户满意度和复购率。

　　节日促销活动的文化适配性同样考验着商务英语语言服务的能力。以"黑色星期五"为例，这一源自美国的购物节在全球推广时，需要根据不同市场的文化特点进行调整。在中国市场，单纯照搬"黑色星期五"的概念可能不易引发强烈共鸣，而将其与"双十一"购物节相结合，通过商务英语语言服务的文化转换，创造出"黑色星期五狂欢季"的概念，既保留了原活动的核心价值，又融入了本地化元素，呈现了更好的市场接受度。这种文化转换不仅体现在活动命名上，更深入促销策略、宣传方式等各个方面。

在跨境电商的社交媒体运营中，文化差异的影响同样不容忽视。不同文化背景的用户对内容的偏好、互动方式、表达习惯都存在显著差异。例如，有的社交软件注重视觉呈现和个人风格表达，有的则强调社交互动和内容分享。商务英语语言服务团队需要深入理解不同社交平台的文化特性，制定差异化的内容策略。某国际美妆品牌在进入中国市场时，通过专业的语言服务团队，不仅准确翻译了产品信息，更深入研究了微信生态的传播特点，创造了系列符合中国消费者审美和表达习惯的社交媒体内容，成功实现了品牌的本土化传播。

文化差异的复杂性要求商务英语语言服务必须具备多元文化沟通的专业能力。这不仅包括语言转换的准确性，更涉及文化内涵的深度理解和恰当表达。在电商平台的国际化进程中，专业的商务英语语言服务团队需要建立完善的文化数据库，持续跟踪不同市场的文化动态，为品牌提供精准的文化适配建议。通过建立标准化的文化适配流程，从产品开发、营销推广到客户服务，确保每个环节的语言服务都能够准确传达品牌价值，同时尊重和体现目标市场的文化特性。这种系统化的文化适配能力，将成为电商平台提升国际用户体验、实现全球化发展的关键竞争力。

第五节　语言服务成本与国际市场效益的平衡

一、语言服务的运营成本分析

在电商全球化进程中，语言服务作为连接企业与目标市场的关键桥梁，其运营成本的控制直接关系到企业的国际市场竞争力。

人工翻译作为传统语言服务模式，具有较高的精准度和文化适配性，但成本结构呈现出明显的阶梯式特征。基础翻译服务通常按字数或小时计费，专业领域翻译则需支付额外溢价，而涉及多语种、多平台同步更新的项目，成本更会呈指数级增长。这种模式虽然能确保较高的翻译质量，但面对电商平台海量的产品信息更新和实时客服需求，其响应速度和成本效益往往难以平衡。

众包翻译模式的出现为电商企业提供了更具弹性的成本解决方案。通过将翻译任务拆解并分发给全球范围内的自由译者，企业能够以相对低廉的价格获得多语种服务。这种模式的优势在于能够根据业务需求灵活调整翻译规模，且能够覆盖更多小语种市场。然而，众包模式也面临着质量控制难题，不同译者的专业水平和翻译风格差异可能导致品牌形象的不统一，特别是在涉及专业术语和本地化表达时，往往需要额外的审核和校对成本。此外，众包平台的佣金抽成和项目管理费用也会在一定程度上削弱其成本优势。

人工智能翻译工具的快速发展为电商语言服务带来了革命性变革。基于神经网络的机器翻译系统不仅能够实现实时翻译，还能通过持续学习不断提高翻译质量。从成本结构来看，人工智能翻译工具的前期投入主要集中在系统开发和训练数据的获取上，但一旦投入使用，边际成本几乎可以忽略不计。这种特性使其特别适合处理电商平台海量的标准化内容，如产品描述、用户评价等。然而，人工智能翻译在文化语境理解和情感表达方面仍存在局限，特别是在处理营销文案和品牌故事时，往往需要人工介入进行润色和优化，这部分隐性成本也需要纳入考量。

在质量风险方面，以上三种模式呈现出不同的特征。人工翻译虽然成本最高，但质量风险相对可控，特别是在涉及法律合规和品牌形象的关键内容上，专业译者的把关能够有效降低误译风险。众包模式的质量风险主要源于译者的专业水平和责任心差异，虽然可以通过评分机制和试译筛选来降低风险，但难以完全避免。人工智能翻译的质量风险则具有不确定性，虽然整体准确率在不断提升，但在特定语境下的误译可能带来严重后果，特别是在涉及文化禁忌和敏感话题时。

从成本效益的角度来看，三种模式并非相互排斥，而是可以形成互补关系。对于电商企业而言，理想的解决方案是根据不同业务场景的需求，灵活组合使用这三种模式。例如，在品牌故事和营销文案等对语言质量要求较高的场景下采用人工翻译，在用户评价和常见问题解答等标准化内容上使用人工智能翻译，而在需要快速响应的小语种市场则可以考虑众包模式。这种混合模式不仅能够优化成本结构，还能在质量控制和响应速度之间找到平衡点。

在实际运营中，企业还需要考虑语言服务的长期投资回报。高质量的语言服务虽然前期投入较大，但能够显著提升用户体验和品牌形象，从而带来更高的客户转化率和复购率。特别是在竞争激烈的跨境电商市场，精准的本地化表达和流畅的跨文化沟通往往能够成为差异化竞争的关键。因此，在评估语言服务成本时，不能仅仅关注直接的翻译费用，还需要考虑其对市场拓展和品牌建设的潜在价值。

随着技术的进步和市场需求的变化，语言服务的成本结构也在不断演变。未来，随着人工智能翻译质量的持续提升和众包平台的规范化发展，三种模式的界限可能会逐渐模糊。例如，人工智能辅助翻译系统可以提升人工翻译的效率，众包平台可以整合人工智能工具来提高翻译质量，而人工智能系统也可以通过众包模式获取更多的训练数据。这种融合趋势将为电商企业提供更多元化的语言服务选择，同时，也对企业的成本控制和质量把控能力提出了更高要求。

二、投资与市场覆盖率分析

在全球化电商市场中，多语言支持已成为企业拓展国际业务不可或缺的战略投资。这种投资不仅体现在直接的翻译成本上，更涉及本地化服务、文化适配、技术支持等多个维度。建立科学的投资回报率（Return On Investment，ROI）测算模型，需要综合考虑语言服务投入与市场覆盖率、用户黏性、品牌认知度等多重因素之间的动态关系。从投入端来看，语言服务成本包括基础翻译费用、本地化专家咨询费、多语言客服团队建设、技术支持系统开发等固定和可变成本。这些投入并非简单的线性增长，而是呈现出边际效益递增的特征。当企业完成主要语种的基础建设后，新增语种的边际成本将显著降低，而市场覆盖率的提升则可能呈现指数级增长。

市场覆盖率的提升不仅体现在用户数量的增加，更反映在用户质量的提升上。多语言支持能够显著降低用户进入门槛，提高目标市场的渗透率。以东南亚市场为例，当某电商平台提供印度尼西亚语、越南语等本地语言支持后，用户注册转化率可提升 40% 以上，平均订单价值增加 25%。这种提升不仅来自语言障碍的消除，更源于本地化服务带来的用户体验优化。通过精准的语言服务，企业能够更好地理解当地消费者的文化偏好和消费习惯，从而提供更具吸引力的产品和服务。

复购率的提升是多语言支持带来的另一重要效益。语言服务不仅仅是简单的文字转换，更是品牌与用户之间建立情感连接的桥梁。当用户能够用母语与品牌进行无障碍沟通时，其品牌忠诚度将显著提升。数据显示，提供本地语言支持的电商平台，用户留存率比仅提供英语支持的平台高出 30%。这种提升源于用户对品牌的信任感和归属感的增强，而这种情感连接正是推动复购的关键因素。

在 ROI 测算模型的构建中，需要特别关注语言服务投入的长期效益。与传统的营销投入不同，语言服务投入具有显著的累积效应。多语言支持系统的建设、本地化团队的培养、文化数据库的积累等投入，都会随着时间的推移产生持续的价值。这种价值不仅体现在当前的市场表现上，更体现在企业的长期竞争力上。通过持续的语言服务投入，企业能够建立起难以复制的竞争优势，这种优势将成为企业在国际市场中持续发展的基石。

语言服务投入与市场效益的平衡还需要考虑不同市场的差异化特征。对于成熟市场，语言服务投入的重点可能在于提升服务的精细度和个性化程度；而对于新兴市场，则需要更多考虑如何通过语言服务快速建立品牌认知度。这种差异化的投入策略，要求企业在 ROI 测算模型中引入市场成熟度、竞争强度、文化差异度等维度，以确保投入的精准性和有效性。

在实践层面，企业需要建立动态的语言服务投入评估机制。这种机制不仅要关注即时的投入产出比，更要关注语言服务对企业整体战略的支撑作用。通过建立多维度、多层次的评估体系，企业能够更准确地把握语言服务投入的节奏和力度，实现投入效益的最大化。这种评估体系应该包括定期的用户反馈分析、市场表现追踪、竞争对手对标等多个环节，以确保决策的科学性和前瞻性。

语言服务投入与市场效益的平衡是一个复杂的系统工程，需要企业在战略层面进行系统思考和规划。通过建立科学的 ROI 测算模型，企业不仅能够优化资源配置，更能够把握全球化发展中的关键机遇。这种平衡的达成，将为企业带来持续的市场增长和竞争优势，推动企业在国际电商市场中实现更大的成功。

三、成本效益优化策略

在全球化电商市场中，语言服务成本与效益的平衡是企业实现国际化运营的关键挑战之一。面对多元化的市场需求和有限的资源投入，企业需要制定科学的成本效益优化策略，以确保语言服务投入能够带来最大化的市场回报。这一过程不仅涉及语言服务本身的效率提升，更需要从战略层面进行系统规划，将语言服务与企业的国际化战略深度整合。

优先覆盖关键市场的策略是成本效益优化的首要考量。企业在拓展国际市场时，往往面临资源有限与市场无限的矛盾，这就要求企业必须建立科学的市场评估体系，通过数据分析确定具有最大商业潜力的目标市场。具体而言，企业可以基于市场规模、消费能力、竞争程度、文化适配度等多个维度，建立市场优先级矩阵。例如，对于跨境电商企业而言，某些相对成熟的市场虽然竞争激烈，但其市场规模和消费能力往往能够带来较高的投资回报率；而某些新兴市场虽然潜力巨大，但需要投入更多的前期开发成本。通过这种精准的市场分级，企业可以将有限的资源集中投入最具商业价值的市场，实现语言服务投入的效益最大化。

术语库的复用与标准化管理是降低语言服务成本的有效途径。在电商运营中，产品描述、技术参数、服务条款等内容往往具有高度重复性，建立统一的术语库可以显著减少重复翻译的工作量。企业可以通过建立多语种术语管理系统，将核心术语的翻译进行标准化处理，确保不同语言版本之间的一致性。这不仅能够降低翻译成本，还能提升品牌的专业形象。例如，某跨境电商平台通过建立包含 10 万条术语的多语种术语库，将产品上新的翻译周期缩短了 40%，同时显著降低了翻译成本。术语库的建立需要结合行业特点和用户需求，既要保证术语的准确性，又要考虑目标市场的文化适应性。

在实施成本效益优化策略时，企业还需要建立科学的评估体系。这包括建立语言服务投入产出比（ROI）的量化指标，定期评估不同语言服务模式的效益。例如，可以通过 A/B 测试比较不同翻译质量对转化率的影响，或者通过数据分析评估不同语言版本的市场表现。这种数据驱动的决策方式，可以帮助企业不断优化语言服务策略，实现成本与效益的动态平衡。同时，企业还需要建立灵活的语言服务预算机制，根据市场表现动态调整资源分配，确保语言服务投入能够带来持续的商业价值。

语言服务成本效益的优化还需要考虑长期战略价值。虽然某些语言服务投入在短期内难以看到直接的经济回报，但从品牌建设和市场渗透的角度来看，这些投入往往具有重要的战略意义。例如，在进入新兴市场时，高质量的本土化翻译虽然成本较高，但能够帮助品牌快速建立市场认知，为后续的市场拓展奠定基础。因此，企业在制定语言服务策略时，需要平衡短期成本与长期效益，既要追求成本效益的最大化，又要确保语言服务质量能够支撑企业的长期发展战略。

在全球化竞争日益激烈的今天，语言服务已经不仅仅是简单的翻译工作，而是企业国际化战略的重要组成部分。通过科学的成本效益优化策略，企业不仅能够降低语言服务成本，更能提升语言服务的战略价值，为企业的全球化发展提供有力支撑。这种优化过程需要企业持续投入资源，建立专业化的语言服务团队，采用先进的技术工具，并不断优化管理流程，最终实现语言服务成本与效益的最佳平衡。

第五章
商务英语在电商市场细分中的深入应用

第一节 商务英语能力与电商市场细分

一、国际市场需求分析中的商务英语要素

在国际市场需求分析中,商务英语要素的运用不仅体现在传统的语言沟通层面,更深入到数据驱动的市场洞察领域。语言数据分析作为现代电商市场细分的重要工具,通过挖掘搜索词和长尾关键词,能够精准捕捉潜在消费者的需求特征和行为模式。这种分析方法突破了传统市场调研的局限性,使得企业能够从海量的用户搜索行为中提取出具有商业价值的信息。例如,通过分析消费者在跨境电商平台上的搜索习惯,可以发现不同地区消费者对同一产品的关注点差异,这种差异往往反映了文化、消费习惯和市场成熟度等多重因素的综合影响。商务英语在这一过程中扮演着关键角色,它不仅帮助分析人员准确理解消费者搜索意图,还为企业制定本地化策略提供了语言支持。

从技术实现的角度来看,搜索词和长尾关键词的挖掘需要依托自然语言处理技术,而商务英语的专业性在这一过程中显得尤为重要。由于电商领域的专业术语和表达方式具有独特性,所以普通的语言分析工具往往难以准确识别和分类相关数据。商务英语能力的运用使得分析人员能够更好地理解行业术语的细微差别,从而提升数据分析的准确性。例如,在分析"wireless charging pad"和"wireless charging station"这两个搜索词时,商务英语的专业知识可以帮助识别前者更倾

向于个人使用场景,而后者可能指向商业或公共场所的应用需求。这种细微的区分对于产品定位和市场细分具有重要价值。

在实践应用中,商务英语要素的运用还体现在多元文化沟通的优化上。不同地区的消费者在搜索同一产品时,往往会使用具有地域特色的表达方式。例如,有的地区的消费者可能倾向于使用"smart home devices",而有的地区的消费者则可能更习惯使用"connected home products"。通过商务英语的专业分析,企业不仅能够识别这些语言差异,还能深入理解背后的文化因素,从而制定更具针对性的市场策略。这种基于语言数据的市场细分方法,使得企业能够更好地满足不同文化背景消费者的需求,提升产品的市场适应性。

商务英语在市场需求分析中的应用还体现在对新兴市场机会的识别上。通过分析长尾关键词的搜索趋势,企业可以发现潜在的市场空白点。例如,当某个特定功能或规格的产品搜索量呈现上升趋势时,这可能预示着新的市场需求正在形成。商务英语的专业能力使得分析人员能够准确理解这些长尾关键词的含义,并将其转化为具体的产品开发建议。这种基于语言数据的市场洞察,不仅能够帮助企业抢占市场先机,还能有效降低市场进入的风险。

在数据驱动的市场分析中,商务英语要素的运用还体现在对竞争对手的分析上。通过监测和分析竞争对手的品牌关键词、产品描述和用户评价,企业可以获得有价值的市场情报。商务英语的专业能力使得分析人员能够准确理解竞争对手的市场定位和营销策略,从而制定更具竞争力的电商市场细分策略。例如,通过分析竞争对手的产品描述中的关键词使用频率和情感倾向,可以推测其目标市场和营销重点,这种洞察对于企业的市场定位具有重要参考价值。

从技术实现的角度来看,商务英语要素的运用还体现在数据分析模型的优化上。由于电商领域的语言数据具有高度的专业性和动态性,传统的分析模型往往难以准确捕捉市场趋势。商务英语的专业知识可以帮助优化数据分析模型,提高预测的准确性。例如,在构建搜索词预测模型时,商务英语的专业知识可以帮助识别具有商业价值的关键词组合,从而提高模型的预测能力。这种基于商务英语的数据分析方法,使得企业能够更准确地预测市场趋势,制定更具前瞻性的市场策略。

商务英语在市场需求分析中的应用还体现在对消费者行为的深度理解上。

通过分析消费者在搜索、浏览和购买过程中的语言行为，企业可以获得对消费者需求的深入洞察。例如，通过分析消费者在搜索过程中使用的修饰词和限定词，可以推测消费者的购买动机和偏好。商务英语的专业能力使得分析人员能够准确理解这些语言行为背后的含义，并将其转化为具体的市场策略。这种基于语言数据的消费者行为分析，不仅能够帮助企业更好地理解消费者需求，还能提升产品的市场竞争力。

二、商务英语能力对市场细分的影响

商务英语能力的差异往往导致对目标市场消费者行为特征的误判，这种误判可能源于文化差异、语言表达习惯以及商务沟通规范等多个维度。以礼貌用语为例，在某些文化背景下，频繁使用"please""thank you"等礼貌用语可能仅仅是一种社交礼仪，而非购买意向的强烈表达。然而，如果电商企业将这种语言特征简单等同于高购买意向，就可能错误地将其归类为高价值客户群体，进而导致营销资源的错配和市场定位的偏差。

这种商务英语能力导致的误判风险在跨境电商实践中屡见不鲜。一个典型的案例是某跨境电商平台在开拓东南亚市场时，将当地消费者频繁使用"interested""want to know more"等表达方式误读为强烈的购买意向。实际上，这些表达在当地文化中更多体现的是礼貌性的回应，而非真实的购买意愿。这种误判导致该平台在营销策略上过度倾斜，投入大量资源进行定向推广，却未能获得预期的转化效果。这个案例揭示了商务英语能力在市场细分中的关键作用，它不仅关系到信息的准确传递，更影响着企业对目标市场消费者行为特征的准确理解。

从认知语言学的角度来看，商务英语能力对市场细分的影响主要体现在语义理解和语用推理两个层面。语义理解涉及词汇、语法等语言要素的准确掌握，而语用推理则要求理解者在特定文化背景下对语言使用的隐含意义进行准确解读。在电商场景中，消费者使用的语言往往包含大量隐含信息，这些信息需要通过专业的商务英语能力进行解码。例如，当消费者使用"maybe""possibly"等模糊性词语时，不同文化背景下的解读可能存在显著差异。在某些文化中，这可能意味着委婉的拒绝，而在另一些文化中则可能表示需要更多信息支持决策。这种细微的语言差异如果被忽视，就可能导致市场细分的偏差。

商务英语能力的不足还会影响企业对目标市场消费者心理的准确把握。语言不仅是沟通工具，更是文化载体，承载着特定群体的思维方式、价值观念和行为模式。在电商市场细分过程中，仅仅依靠表面的语言特征进行判断是远远不够的，还需要深入理解语言背后的文化内涵。例如，在某些文化中，直接表达购买意愿可能被视为不礼貌或不成熟的表现，消费者更倾向于通过间接的语言表达传递购买信号。如果缺乏对这种文化差异的敏感度，就可能导致对目标市场消费心理的误判，进而影响市场细分的准确性。

从实践角度来看，提升商务英语能力对市场细分准确性的影响需要从多个维度着手。首先，企业需要建立专业的语言服务团队，不仅要具备扎实的语言基础，还要深入了解目标市场的文化特征和消费习惯。其次，在数据分析环节，需要将语言特征与其他行为数据进行交叉验证，避免单一依赖语言指标进行市场细分。例如，可以将消费者的语言特征与浏览时长、购买频率等行为数据进行关联分析，提高市场细分的准确性。此外，还需要建立动态的语言能力评估机制，定期更新对目标市场语言特征的理解，以适应不断变化的市场环境。

在技术层面，人工智能和自然语言处理技术的发展为解决语言能力不足带来的市场细分问题提供了新的可能。通过构建多语言、多文化的语义分析模型，可以更准确地识别不同文化背景下语言表达的深层含义。例如，可以开发基于深度学习的语言特征分析工具，自动识别不同文化背景下礼貌用语的真实含义，减少人为判断的误差。同时，结合大数据分析技术，可以建立更精准的用户画像模型，将语言特征与其他行为数据进行整合分析，提高市场细分的科学性。

从长远来看，商务英语能力的提升不仅关系到市场细分的准确性，更影响着企业全球化战略的实施效果。在电商领域，精准的市场细分是制定有效营销策略的基础，而语言能力则是实现精准细分的关键要素。企业需要将语言能力建设纳入整体战略规划，通过持续的人才培养和技术创新，不断提升对目标市场语言特征的理解和把握能力。这不仅有助于提高市场细分的准确性，更能增强企业的跨文化沟通能力，为全球化发展奠定坚实基础。

三、案例分析：商务英语助力市场细分

某跨境电商平台通过对其多语言客服对话数据的深度挖掘与分析，成功实现了对欧洲市场的重新细分，这一案例充分展现了商务英语能力在市场细分中的战略价值。该平台原本将欧洲市场简单划分为西欧、东欧和北欧三大区域，但在实际运营中发现，这种基于地理位置的划分方式难以准确反映不同国家消费者的需求特征。通过对其英语客服对话数据的自然语言处理，平台识别出不同国家消费者在购物习惯、产品偏好、支付方式等方面存在显著差异，这些差异往往被传统的市场细分方法忽视。

在数据分析过程中，平台运用了先进的语义分析技术，对超过100万条英语客服对话进行深度挖掘。通过建立情感分析模型，平台能够准确识别消费者对特定产品的态度倾向；借助话题建模技术，则能够发现不同国家消费者关注的重点问题。例如，分析结果显示，A国消费者更关注产品的环保属性，而B国消费者则对产品的技术参数更为敏感。这些发现促使平台重新调整其市场细分策略，将欧洲市场细分为12个具有独特需求特征的子市场，并为每个子市场制定了差异化的营销策略。

商务英语能力的应用不仅体现在数据分析层面，更贯穿于整个市场细分过程。在数据收集阶段，平台要求所有客服人员必须具备专业的商务英语能力，确保能够准确理解并记录消费者的真实需求。在数据分析阶段，专业的商务英语人才能够准确把握对话中的细微差别，避免因语言理解偏差导致的数据误读。在市场细分决策阶段，商务英语能力则帮助决策者更好地理解不同文化背景下的消费者行为特征，制定出更具针对性的市场策略。

这一案例的成功实施，充分证明了商务英语能力在跨境电商市场细分中的多重价值。首先，它帮助企业突破了传统市场细分方法的局限，实现了更精准的市场定位。其次，通过深度挖掘消费者需求，企业能够开发出更符合目标市场特征的产品和服务。再次，基于语言数据分析的市场细分方法，使企业能够更及时地捕捉市场变化，快速调整经营策略。最后，这种基于语言能力的市场细分方法，为企业建立起了可持续的竞争优势，使其能够在激烈的国际竞争中保持领先地位。

从实践效果来看，该平台在实施新的市场细分策略后，其欧洲市场的销售额在1年内增长了35%，客户满意度提升了20%。这些数据充分证明了商务英语能力在跨境电商市场细分中的实际价值。更重要的是，这种基于语言能力的市场细分方法具有可复制性，能够为其他跨境电商企业提供有价值的参考。

然而，要充分释放商务英语在市场细分中的潜力，企业还需要在多个方面进行系统性建设。在人才队伍建设方面，需要培养既精通商务英语又熟悉数据分析的复合型人才；在技术支持方面，需要建立完善的自然语言处理系统，实现对海量客服对话数据的高效分析；在组织架构方面，需要建立跨部门协作机制，确保市场细分结果能够有效转化为具体的经营策略。这些系统性建设将决定企业能否真正将商务英语能力转化为市场竞争优势。

随着人工智能技术的进步和跨境电商的深入发展，商务英语在电商市场细分中的应用将更加广泛和深入。企业需要持续投入资源，提升语言能力建设，才能在日益复杂的国际市场中保持竞争力。同时，这一案例也为高校商务英语人才培养提供了重要启示，如何培养出既精通语言又懂商业的复合型人才，将成为未来商务英语教育改革的重要方向。

第二节　商务英语与产品国际化开发和营销

一、产品信息的国际化语言优化

在产品国际化开发和营销过程中，语言优化不仅是简单的翻译工作，更是对产品信息进行文化适配和功能重构的系统工程。例如，技术参数表作为产品信息的核心载体，其语言转换需要突破传统直译的局限，从目标市场的技术认知体系出发，建立符合当地用户思维习惯的表达框架。以工业设备为例，欧美市场习惯于采用英制单位，而亚洲市场则普遍使用公制单位，这就要求在语言转换过程中不仅要进行单位换算，还要考虑数字的精确度与市场接受度之间的平衡。例如,将"0.5英寸"转换为"12.7毫米"时,需要考虑目标市场的技术标准是否接受小数点后一位的精度,必要时可调整为"13毫米"以符合当地使用习惯。

使用场景描述的优化则需要深入理解目标市场的文化语境和消费心理。以智能家居产品为例,在某些市场强调"智能生活"的概念时,可以突出产品的便捷性和科技感;而在另一些市场,则需要着重描述产品的安全性、隐私保护等特性,这与当地用户对智能产品的使用顾虑密切相关。在语言优化过程中,不仅要准确传达产品功能,更要通过场景化的语言构建,让用户产生身临其境的使用体验。例如,在描述智能门锁的使用场景时,针对某些市场可以强调"优雅的现代生活方式",而针对另一些市场则可以突出"便捷的社区生活体验"。

语言转换的深度优化还需要考虑不同市场的法律规范和技术标准。以医疗器械为例,在某些市场需要符合 CE 认证要求,语言描述中必须包含相关认证信息;而在另一些市场,则需要突出 FDA 认证的权威性。这种法律层面的语言优化不仅要体现在产品说明书中,还需要贯穿于整个营销传播体系。特别是在产品参数描述中,某些技术指标在不同市场可能有不同的表达方式。

跨文化语境下的语言优化还需要考虑语义的准确性和文化适应性。以食品行业为例,产品成分表的语言转换不仅涉及专业术语的准确翻译,还需要考虑目标市场的文化禁忌和消费习惯。例如,在某些市场常见的食品添加剂,在另一些市场可能需要特别说明其安全性;而某些具有地域特色的食材,则需要找到目标市场消费者能够理解的替代性描述。这种语言优化既要保持专业性的严谨,又要确保消费者能够准确理解产品信息。

在技术文档的国际化优化过程中,还需要建立标准化的术语库和翻译记忆库,确保不同语言版本之间的一致性。这不仅涉及专业术语的统一,还包括句式结构、表达方式的标准化。以软件产品为例,用户界面的语言优化需要考虑目标市场的使用习惯,如有的用户习惯较长的复合词,而有的用户则偏好简洁的表达。这种语言优化需要建立在对目标市场用户行为深入研究的基础上,通过 A/B 测试等方法不断优化语言表达效果。

语言优化的最终目标是实现产品信息的精准传达和有效沟通。这需要在保持技术准确性的同时,兼顾目标市场的文化特点和语言习惯。以汽车行业为例,在描述车辆性能参数时,某些市场习惯使用马力(HP)作为功率单位,而另一些市场则更熟悉千瓦（kW）的概念。这种语言优化不仅涉及单位的转换，还需要考虑数字的呈现方式，如欧美用户习惯看到精确到小数点后一位的数字，而中国用户则更倾向于整数表达。

在全球化背景下，产品信息的语言优化已经成为企业国际化战略的重要组成部分。通过建立专业的语言服务团队，运用先进的语言技术工具，结合目标市场的文化特点和用户需求，企业可以打造出既符合技术规范又贴近用户需求的产品信息体系。这不仅能够提升产品的市场竞争力，还能有效降低跨文化沟通成本，为企业的国际化发展提供有力支撑。

二、营销策略中的语言创新

在短视频平台的全球化浪潮中，"梗文化"作为一种独特的语言现象，正以前所未有的速度跨越语言障碍，成为品牌营销的新利器。这种源于网络亚文化的表达方式，通过其特有的幽默感和社交属性，在年轻消费群体中形成了强大的传播势能。当我们将视角转向跨境电商领域，会发现"梗文化"的跨语言改编不仅是一种文化现象，更是一种极具商业价值的语言创新策略。其成功的关键在于，它能够将复杂的文化内涵转化为易于传播的符号系统，通过视觉、听觉和语言的多重编码，在目标市场中实现快速渗透。

从语言学的角度来看，"梗文化"的跨语言传播遵循着特定的符号学规律。每个"梗"都是一个完整的符号系统，包含了能指（语言形式）和所指（文化内涵）两个层面。在跨语言改编过程中，营销人员需要准确把握源语言中"梗"的文化内核，同时寻找目标语言中具有相似功能的文化符号进行替换。例如，中国的"凡尔赛文学"在英语世界中被转换为"humblebrag"文化，虽然表达形式不同，但都指向了炫耀与谦逊之间的微妙张力。这种符号转换的成功，不仅需要语言层面的精准把握，更需要对目标市场的文化心理有深刻理解。

在具体的营销实践中，"梗文化"的跨语言改编呈现出多样化的策略选择。第一种是直接移植策略，即保留原"梗"的语言形式，通过字幕或配音进行解释性传播。这种策略适用于文化差异较小的市场，能够最大限度地保持"梗"的原汁原味。第二种是文化置换策略，即用目标市场的本土文化元素替换原"梗"中的文化符号。例如，将中国的"打工人"梗改编为美国的"9 to 5er"，虽然表达方式不同，但都准确传达了职场人的自嘲心态。第三种是混合创新策略，即将不同文化的"梗"进行融合，创造出新的文化符号。这种策略往往能产生意想不到的传播效果，但需要营销人员具备更高的文化敏感度和创造力。

从传播效果来看，"梗文化"的跨语言改编之所以能够实现病毒式传播，主要得益于其独特的社交属性。在短视频平台上，用户不仅是内容的消费者，更是内容的再创作者和传播者。当一个"梗"被成功改编后，用户会自发地进行二次创作，通过模仿、改编、混剪等方式，不断丰富"梗"的内涵和外延。这种用户参与的创作过程，实际上形成了一种去中心化的传播网络，使得"梗"能够在短时间内覆盖大量用户。例如，TikTok 上的 *Renegade* 舞蹈挑战，最初只是一个青少年的创意，经过全球用户的改编和传播，最终演变成了一场跨越语言和文化的全球狂欢。

然而，"梗文化"的跨语言改编也面临着诸多挑战。首先是文化差异带来的理解障碍，某些在源文化中极具感染力的"梗"，在目标文化中可能完全失去其幽默效果，甚至引发文化误解。其次是时效性问题，"梗文化"的生命周期往往较短，如何在"梗"的热度消退前完成跨语言改编和传播，对营销团队的反应速度提出了极高要求。此外，还存在版权和原创性的争议，特别是在用户生成内容（User Generated Content，UGC）盛行的环境下，如何平衡创意借鉴和原创保护，成为品牌必须面对的法律和伦理问题。

为应对这些挑战，电商企业需要建立系统化的"梗文化"营销管理体系。这包括建立专业的文化研究团队，持续跟踪目标市场的网络文化动态；开发快速反应的内容创作机制，确保能够及时捕捉和利用新兴的"梗"；建立跨文化传播的风险评估体系，避免因文化误读导致的品牌危机。同时，还需要与平台方建立深度合作，利用平台的数据分析工具，实时监测"梗"的传播效果，及时调整营销策略。

从长远来看，"梗文化"的跨语言改编不仅是一种营销手段，更是电商企业与年轻消费者建立情感连接的重要桥梁。通过参与"梗文化"的创造和传播，品牌能够突破传统的广告—消费者单向传播模式，真正融入目标市场的文化语境。这种深度的文化参与，不仅能够提升企业品牌的知名度和好感度，更重要的是能够培养一批具有高度忠诚度的品牌社群。这些社群成员不仅是品牌的消费者，更是品牌文化的传播者和守护者，他们通过持续的内容创作和分享，为品牌构建起强大的社交资产。

在全球化与本土化交织的电商时代，"梗文化"的跨语言改编为我们提供了一个独特的视角，来观察和理解语言服务在品牌营销中的创新应用。这种创新不仅体现在语言形式的转换上，更体现在对目标市场文化心理的深刻把握和创造性运用上。随着人工智能和机器学习技术的发展，未来我们或许能够开发出更加智能化的"梗文化"识别和改编系统，但无论如何，对文化差异的敏感度和对人性洞察的深度，始终是成功跨文化营销的核心所在。

第三节　商务英语与客服团队和售后服务

一、商务英语客服团队的建设

在全球化电商市场中，商务英语客服团队的建设不仅关乎企业的服务能力，更是品牌国际化战略的重要支撑。要构建一个高效的商务英语客服团队，需要从语言能力、产品知识和情商考核三个维度建立科学的招聘标准，这三个维度相互关联，共同构成了客服团队的核心竞争力。语言能力是基础，但仅仅掌握语言并不足以应对复杂的跨境服务场景，客服人员还需要对产品有深入的理解，同时具备多元文化沟通的情商，才能在全球市场中提供优质的服务体验。

语言能力作为客服团队建设的首要标准，其重要性不言而喻。在电商领域，客服人员的语言能力不仅体现在基本的听说读写能力上，更要求具备专业术语的准确运用和语境理解能力。例如，在跨境电商中，客服人员需要准确理解不同国家消费者对产品描述的细微差异，避免因语言理解偏差导致的投诉或退货。同时，客服人员还需要掌握商务英语中的特定表达方式，如处理投诉时的委婉措辞、解决纠纷时的专业术语等。值得注意的是，语言能力的考核不应局限于传统的笔试或口试，而应引入情景模拟测试，让应聘者在真实的电商服务场景中展示其语言运用能力，这不仅能评估其语言水平，还能观察其应变能力和服务意识。

产品知识的掌握程度直接影响着客服团队的服务质量。在电商领域，客服人员不仅是沟通的桥梁，更是产品的"活字典"。他们需要深入了解产品的技术参数、使用场景、常见问题及解决方案，才能在服务过程中提供专业、准确的解答。例如，在电子产品领域，客服人员需要掌握产品的硬件配置、软件功能、兼容性等详细信息；在服装领域，则需要熟悉面料特性、尺码标准、洗涤建议等专业知识。这种深度的产品知识储备，不仅能够提升客户满意度，还能有效减少因信息不对称导致的售后问题。因此，在招聘过程中，应该设计专门的产品知识测试环节，通过案例分析、问题解答等方式，评估应聘者对目标产品的理解深度和应用能力。

情商考核在多语言客服团队建设中扮演着关键角色。在多元文化沟通中，情商往往比语言能力更能决定服务的效果。客服人员需要具备敏锐的文化感知能力，能够准确识别不同文化背景客户的沟通风格和情感需求。例如，在面对注重效率的客户时，客服人员需要快速响应、直击要点；而在面对注重关系的客户时，则需要在沟通中展现更多的耐心和关怀。情商的考核可以通过模拟文化沟通场景来进行，观察应聘者在面对文化冲突、情绪激动的客户等复杂情况时的应对策略和情绪管理能力。同时，还需要评估其团队协作能力，因为商务英语客服团队往往需要跨时区、跨文化协作，良好的团队情商是确保服务连续性和有效性的重要保障。

在具体实施过程中，这三个维度的考核需要有机结合，形成一个完整的评估体系。例如，在情景模拟测试中，可以设计一个投诉处理场景，要求应聘者同时展示其语言能力、产品知识和情商。这种综合性的考核方式，能够更准确地评估应聘者的实际工作能力，确保招聘的人才能够胜任复杂的跨境电商服务需求。同时，企业还应该建立持续的人才培养机制，通过定期培训、经验分享等方式，不断提升客服团队的专业能力。

值得注意的是，商务英语客服团队的建设还需要考虑技术支持的维度。在当今数字化时代，人工智能辅助翻译、智能客服系统等技术工具已经成为多语言服务的重要支撑。因此，在招聘标准中，还应该考虑应聘者对相关技术的适应能力和学习能力。一个优秀的多语言客服人员，不仅需要具备扎实的语言基础和专业知识，还需要能够熟练运用各种技术工具，提高服务效率和质量。

从长远来看，商务英语客服团队的建设应该与企业的国际化战略紧密结合。企业需要根据目标市场的特点，制定差异化的客服团队建设策略。例如，针对重点开拓的市场，可以建立专门的语言小组，深入研究当地的语言习惯和文化特点；对于新兴市场，则可以采取"核心语言+辅助翻译"的模式，在保证服务质量的同时控制成本。这种灵活的策略选择，能够帮助企业在全球化竞争中占据有利位置，实现可持续发展。

二、售后服务的多元文化沟通技巧

在电商全球化进程中，售后服务的多元文化沟通技巧已成为决定客户满意度和品牌忠诚度的关键因素。不同文化背景的消费者对售后服务的期待值、沟通方式和问题解决路径存在显著差异，这就要求企业必须建立一套具有文化适应性的商务英语沟通体系。以道歉话术为例，有的地区倾向于直接表达歉意并迅速提出解决方案，而有的地区则更注重情感共鸣和关系维护。这种文化差异要求客服人员在处理投诉时，不仅要掌握标准化的道歉模板，更要理解不同文化语境下的情感表达方式。

补偿方案的本地化表述同样需要深入的文化洞察。在某些市场，消费者更倾向于接受直接的现金补偿或折扣优惠，且补偿金额的表述需要具体明确；而另一些市场，礼品补偿或增值服务往往比现金补偿更能打动消费者。这种差异不仅体现在补偿形式上，更反映在语言表达上。例如，在 A 国市场，补偿方案需要突出专业性和精确性，可以使用 "We offer a 20% discount on your next purchase as compensation" 这样的表述；而在 B 国市场，则可能需要更多地体现人情味，可以采用 "As a token of our apology, we would like to offer you a special gift" 这样的表达方式。这种本地化的表述策略，不仅能够提升客户满意度，还能有效降低文化冲突带来的负面影响。

多元文化沟通中的非语言因素同样不容忽视。在书面沟通中，标点符号的使用、段落结构的安排、语气词的运用都会影响沟通效果。例如，在英语为母语的国家，过多的感叹号可能被解读为情绪化表达；而在西班牙语国家，适度的感叹号则能传递热情和诚意。邮件格式的选择也需考虑文化差异，有的客户更倾向于正式严谨的商务信函格式，而有的客户则更能接受较为随意的沟通方式。这些细节的把握，往往决定了多元文化沟通的成败。

在处理多元文化售后服务时，时间观念的文化差异也需要特别关注。在时间观念较强的国家，快速响应是基本要求，通常需要在 24 小时内给出明确答复；而在时间观念较为宽松的国家，过于急促的回复反而可能被视为不礼貌。这种差异要求企业建立灵活的服务响应机制，根据不同市场的文化特点调整服务节奏。同时，在沟通中要注意避免使用具有文化偏见或刻板印象的表达，确保语言的中立性和包容性。

文化差异还体现在问题解决的方式上。在某些国家，消费者更倾向于直接表达诉求，期待个性化的解决方案；而在另一些国家，消费者可能更注重关系维护，需要采用更为委婉的沟通方式。这就要求客服人员不仅要具备扎实的语言能力，更要培养文化敏感度，能够准确识别和回应不同文化背景客户的情感需求。

建立有效的多元文化沟通培训体系至关重要。企业需要为客服团队提供系统的文化敏感性培训，帮助他们理解不同文化背景下的沟通模式和客户期望。这种培训不应局限于语言层面，更要涵盖非语言沟通、文化习俗、商业礼仪等多个维度。通过案例分析、角色扮演等互动式学习方法，提升客服人员的多元文化沟通能力。同时，建立多语言知识库和标准化话术库，为客服人员提供即时参考和支持，确保服务质量的一致性。

在全球化背景下，售后服务的多元文化沟通已不再是简单的语言转换，而是需要综合考虑文化差异、情感表达和商业策略的复杂过程。企业需要建立动态的多元文化沟通机制，持续收集和分析不同市场的客户反馈，及时调整沟通策略。通过培养具有多元文化视野的客服团队，建立本地化的沟通模板，优化服务流程，企业才能在激烈的国际竞争中赢得客户信任，实现可持续发展。这种深度的文化理解和灵活的语言运用，将成为电商企业在全球化进程中不可或缺的竞争优势。

三、电商企业语言支持技术与工具

在电商全球化进程中，语言支持技术与工具的选择和应用直接关系到企业跨文化沟通的效率和客户体验的质量。如 DeepSeek、Trados 和本地化管理系统（Localization Management System，LMS）作为当前主流的语言技术支持工具，各自具有独特的适用场景和功能优势，能够满足电商企业在不同业务环节的差异化需求。

DeepSeek 作为基于大规模语言模型的对话系统，其核心价值在于实时交互和智能应答能力。在电商客服场景中，DeepSeek 能够实现 7 天 ×24 小时的多语言在线支持，通过自然语言处理技术理解客户意图，提供个性化的产品咨询、订单查询和售后问题解答。相比传统客服系统，DeepSeek 的优势在于其强大的上下文理解能力和持续学习机制，能够根据对话历史优化应答策略，提升客户满意度。特别是在处理高频、标准化的咨询问题时，DeepSeek 可以显著降低人工客服的工作负荷，提高响应速度。然而，在处理复杂纠纷或需要情感共鸣的场景时，DeepSeek 仍存在一定局限性，需要与人工客服形成互补。

Trados 作为专业的计算机辅助翻译（Computer Assisted Translation，CAT）工具，在电商内容本地化领域具有不可替代的作用。其核心功能包括翻译记忆库管理、术语库管理和质量保证工具，能够确保产品描述、营销文案等内容的翻译一致性和专业性。对于拥有大量最小存货单位（Stock Keeping Unit，SKU）的电商平台而言，Trados 的翻译和记忆功能可以大幅提升重复内容的翻译效率，降低本地化成本。同时，其术语库管理功能能够确保品牌术语、产品规格等关键信息的准确传递，避免因翻译误差导致的品牌形象受损或法律风险。在跨境电商的运营实践中，Trados 特别适用于产品目录、用户手册、合同文本等需要高精度翻译的场景，但其对翻译人员的专业要求较高，且在处理实时性要求较强的客服对话时存在一定局限性。

本地化管理系统（LMS）则是一个更为综合的解决方案，它集成了项目管理、资源管理、质量控制等多种功能，能够为电商企业提供端到端的语言服务支持。LMS 的核心优势在于其系统性和可扩展性，能够根据企业需求灵活配置工作流程，实现多语言项目的统一管理。在跨境电商的实际运营中，LMS 可以对接企业的资源计划（Enterprise Resource Planning，ERP）系统，实现产品信息、营销内容、客服知识库的自动同步和更新，确保各语言版本内容的一致性。同时，LMS 的质量控制模块能够对翻译内容进行实时监控和评估，及时发现并纠正潜在问题。对于大型电商平台而言，LMS 的自动化工作流和数据分析功能能够显著提升语言服务的效率和质量，但其部署成本较高，更适合具有一定规模的企业使用。

从技术演进的角度来看，以上三种工具正在逐步走向融合。DeepSeek 的智能化交互能力可以与 Trados 的翻译记忆库相结合，提升实时翻译的准确性和流畅度；LMS 则可以整合 DeepSeek 和 Trados 的功能，构建更加智能化的语言服务生态系统。例如，在跨境电商的客服场景中，DeepSeek 可以作为前端交互界面，实时处理客户咨询，当遇到复杂问题时，系统可以自动调用 Trados 的翻译记忆库提供专业支持，同时通过 LMS 记录和追踪问题解决的全过程。这种融合不仅能够提升客户体验，还能为企业积累宝贵的语言服务数据，为后续的优化提供依据。

在实际应用中，电商企业需要根据自身业务特点和资源状况，制定合理的语言支持技术工具组合策略。对于初创型跨境电商企业，可以优先采用 DeepSeek 等成本相对较低的智能化工具，快速建立基础的语言服务能力；随着业务规模的扩大，逐步引入 Trados 等专业翻译工具，提升内容本地化的质量；当企业进入成熟期，则可以考虑部署 LMS 系统，实现语言服务的系统化、标准化管理。无论选择哪种工具，都需要建立相应的评估机制，定期监测工具的使用效果，及时调整优化策略。

在技术工具的选择和应用过程中，企业还需要关注几个关键问题。首先是数据安全问题，特别是涉及客户隐私和商业机密的信息，需要建立严格的数据保护机制；其次是工具的持续优化问题，语言服务技术需要根据市场变化和用户反馈不断迭代升级；最后是人才培养问题，企业需要建立专业的语言服务团队，确保技术工具的有效使用和持续改进。只有将先进的技术工具与专业的人才团队相结合，才能真正发挥语言服务在电商市场细分与定位中的战略价值。

第四节 商务英语与消费者行为分析

一、消费者行为的语言影响因素

在国际电商市场中，语言作为信息传递的载体，其复杂程度直接影响着消费者的认知负荷与决策效率。研究表明，当产品说明的可读性指数低于 60 时，消费者理解产品信息所需的时间显著增加，这不仅延长了购买决策周期，还可能导致潜在客户的流失。以某跨国电商平台为例，其产品页面的可读性指数普遍维持在 65～70 之间，这种适中的语言复杂度既保证了信息的专业性，又确保了消费者的理解效率。值得注意的是，语言复杂度的影响具有显著的文化差异性，英语母语消费者对复杂语言的容忍度明显高于非母语消费者，这种差异在跨境电商场景中尤为突出。

从认知心理学的角度来看，语言复杂度与消费者决策行为之间存在着非线性关系。当产品说明的可读性指数处于 50～70 这一区间时，消费者对产品的信任度与购买意愿呈现正相关；然而，当指数低于 50 时，过高的语言复杂度反而会削弱消费者的信任感。以电子产品为例，过于专业化的术语描述虽然能够体现产品的技术含量，但同时也增加了普通消费者的理解难度，导致决策时长的延长和购买意愿的下降。因此，在跨境电商场景中，如何平衡语言的专业性与可读性，成为影响消费者决策效率的关键因素之一。

语言复杂度对消费者行为的影响还体现在多元文化沟通的维度上。不同文化背景的消费者对语言复杂度的感知存在显著差异，这种差异不仅体现在词汇选择上，还反映在句式结构和表达方式上。实践证明，有的地区的消费者倾向于接受简洁明了的表达方式，而有的地区的消费者则对详细的产品描述表现出更高的接受度。这种文化差异要求跨境电商企业在制定语言策略时，必须充分考虑目标市场的文化特征，通过调整语言复杂度来优化消费者的阅读体验。

在实践层面，语言复杂度的优化需要建立在对目标市场消费者语言能力的精准评估基础上。通过大数据分析，可以构建消费者语言能力模型，将产品说明的可读性指数与目标消费者的平均语言能力进行匹配。这种方法不仅能够提高产品信息的传递效率，还能有效降低因语言障碍导致的客户流失率。以某跨境电商平台为例，其通过机器学习算法对用户浏览行为进行分析，发现当产品说明的可读性指数与用户语言能力匹配度达到 85% 以上时，用户的平均停留时间缩短了 30%，转化率提升了 15%。这种数据驱动的语言优化策略，为跨境电商企业提供了新的思路。

从神经语言学的视角来看，语言复杂度对消费者决策的影响机制涉及多个认知处理环节。当消费者面对复杂的产品说明时，大脑需要调动更多的认知资源来处理信息，这不仅增加了认知负荷，还可能导致信息过载。这种现象在移动端购物场景中表现得尤为明显，由于屏幕尺寸的限制，消费者对复杂语言的容忍度进一步降低。因此，在移动电商时代，如何通过语言优化来降低消费者的认知负荷，成为提升用户体验的重要课题。研究表明，采用分层递进的信息呈现方式，可以有效缓解语言复杂度带来的认知压力，提高消费者的决策效率。

语言复杂度与消费者行为的关系还受到产品类别的影响。对于高卷入度产品，如奢侈品或高科技产品，适度的语言复杂度反而能够增强产品的专业形象，提升消费者的购买意愿。这是因为高卷入度产品的购买决策往往需要更多的认知投入，消费者对专业信息的接受度较高。然而，对于低卷入度产品，如日用品或快消品，过高的语言复杂度则会显著降低消费者的购买意愿。这种差异要求跨境电商企业在制定语言策略时，必须充分考虑产品特性，通过差异化的语言策略来满足不同类别产品的营销需求。

在全球化背景下，语言复杂度对消费者行为的影响呈现出新特征。随着机器翻译技术的进步，语言障碍正在逐步被打破，但翻译质量的不稳定性仍然影响着消费者的购买决策。研究表明，机器翻译的准确率与语言复杂度呈负相关，当产品说明的可读性指数低于 50 时，机器翻译的准确率会显著下降，这可能导致消费者对产品信息的误解。因此，在跨境电商场景中，如何通过优化语言复杂度来提高机器翻译的准确性，成为提升国际消费者体验的重要课题。一些领先的电商平台已经开始采用"人机协作"的语言优化策略，即在保持语言专业性的同时，通过调整句式结构和词汇选择来提高机器翻译的质量，这种策略在实践中取得了显著的效果。

二、语言数据在消费者行为分析中的应用

在电商全球化进程中，消费者行为分析正经历着从传统问卷调查向大数据驱动的智能化分析转变。语言数据作为消费者行为的重要载体，不仅记录了消费者的显性需求，更蕴含着大量未被满足的潜在需求。语义网络分析作为一种先进的语言数据处理技术，能够通过构建词语间的关联网络，揭示消费者行为背后的深层逻辑。以包装问题为例，当消费者在评论中频繁使用"难打开""费力""包装太紧"等词汇时，这些看似零散的语言数据通过语义网络分析，可以形成"包装—使用体验—消费者满意度"的完整认知链条，为企业产品改进提供精准的方向。

语义网络分析的核心价值在于其能够突破传统文本分析的局限，从海量非结构化数据中提取有价值的商业洞察。通过自然语言处理技术，系统可以自动识别消费者评论中的情感倾向、需求痛点以及潜在改进建议。例如，在某跨境电商平台上，不同文化背景的消费者对同一产品的评价往往呈现出显著差异。英语母语消费者可能更关注产品细节的描述，而非英语母语消费者则倾向于使用比喻性语言表达使用感受。语义网络分析能够捕捉这些文化差异，帮助企业制定更具针对性的市场策略。

在实践应用中，语义网络分析展现出强大的需求挖掘能力。以某国际电商平台的美妆产品为例，通过分析全球消费者评论数据，发现"过敏""刺激""红肿"等负面词汇频繁与"敏感肌""温和配方"等关键词同时出现。这一发现促使企业开发专门针对敏感肌肤的产品线，并通过调整营销话术，突出产品的温和特性，最终实现了细分市场的精准突破。这种基于语言数据的洞察，不仅帮助企业发现了未满足的市场需求，还优化了产品定位策略。

语义网络分析在消费者行为预测方面同样具有独特优势。通过构建动态语义网络模型，可以实时监测消费者语言特征的变化趋势。例如，在疫情期间，消费者对"消毒""防护"等词汇的关注度显著提升，这一变化通过语义网络分析被及时捕捉，促使相关企业快速调整产品开发和营销策略。这种基于语言数据的预测能力，使企业能够在市场变化中保持敏捷性，及时响应消费者需求。

然而，语义网络分析在电商领域的应用也面临诸多挑战。首先是多语言处

理的复杂性，不同语言的语法结构和表达习惯差异显著，这对语义网络的构建提出了更高要求。其次是文化差异带来的理解偏差，同一词汇在不同文化背景下可能具有完全不同的含义。最后，消费者评论中大量存在的网络用语、缩写和表情符号，也给语义分析带来了额外难度。这些挑战要求企业在应用语义网络分析时，必须建立完善的数据预处理机制，并结合人工审核，确保分析结果的准确性。

为克服这些挑战，企业需要构建多层次的语义分析体系。在技术层面，应采用深度学习算法，提升系统对复杂语言现象的理解能力。在数据层面，需要建立多语言语料库，涵盖不同文化背景下的消费者表达习惯。在应用层面，则应结合具体业务场景，开发定制化的语义分析模型。例如，针对服装类产品，可以重点分析"尺寸""材质""舒适度"等关键指标；针对电子产品，则需关注"性能""续航""操作便捷性"等维度。

随着人工智能技术的不断进步，语义网络分析在消费者行为研究中的应用将更加深入。一方面，分析精度将不断提升，能够识别更细微的语言特征和情感倾向；另一方面，分析维度将更加丰富，可以整合语音、图像等多模态数据，构建更全面的消费者画像。这种发展趋势将推动电商企业从被动响应市场需求，转向主动引导和创造需求，实现真正的以消费者为中心的商业模式创新。

在全球化背景下，语言数据已成为企业洞察消费者行为的重要战略资源。通过语义网络分析，企业不仅能够发现显性需求，更能挖掘潜在需求，实现产品和服务的持续创新。这种基于语言数据的消费者行为分析方法，正在重塑电商企业的市场洞察能力，推动全球电商生态向更智能、更精准的方向发展。

第五节　商务英语与电商市场调研

一、市场调研中的语言障碍与解决方案

在电商市场调研中，语言障碍往往成为影响数据准确性和调研效果的关键因素。问卷设计中的语境等效性检验，是确保调研工具文化适用性的核心环节。

由于不同语言文化背景下的受访者对同一表述可能存在截然不同的理解,问卷设计者需要建立多维度的语境等效性检验机制。这不仅要求设计团队具备扎实的语言功底,还需要深入理解目标市场的文化特征、价值观念和认知模式。例如,在英语问卷中常用的"value for money"(性价比)概念,在德语文化中可能更倾向于使用"Preis-Leistungs-Verhältnis"(价格—性能比)来表达,这种细微的差异直接影响着受访者的理解深度和回答质量。因此,语境等效性检验应当包括语言层面的直译准确性、文化层面的概念对等性以及认知层面的理解一致性三个维度,通过多轮预测试和专家评审来确保问卷的跨文化适用性。

在电商国际市场调研中,调研人不仅需要具备流利的商务英语表达能力,更要掌握多元文化沟通的策略和技巧。这包括对非语言交际的敏锐感知,如肢体语言、表情变化和语调转换等细微差异的把握。例如,在有的文化中,受访者可能更倾向于使用委婉表达和间接暗示,而有的文化则更注重直接明了的表达方式。调研人需要根据不同文化背景灵活调整沟通策略,既要确保信息的准确传递,又要避免因文化差异导致的误解或冒犯。为此,多元文化沟通培训应当着重培养调研人的文化敏感度、情境适应力和即时反应能力,通过模拟训练和案例分析,提升其在多元文化环境下的沟通效能。

在解决语言障碍的实际操作中,技术手段的运用正在发挥越来越重要的作用。自然语言处理技术的进步,为跨语言调研提供了新的解决方案。智能翻译系统不仅能够实现实时语言转换,还能根据语境自动调整表达方式,确保信息的准确传递。例如,在跨境电商平台的市场调研中,人工智能辅助的问卷设计系统可以根据目标市场的语言文化特征,自动生成符合当地表达习惯的问卷版本,大大提高了调研工具的适用性和效率。同时,语音识别技术的应用使多语言焦点小组的实时转录和分析成为可能,为研究人员提供了更丰富的数据支持。这些技术手段的运用,不仅降低了语言障碍带来的调研成本,还显著提升了数据的准确性和可靠性。

针对不同市场细分的特点,语言服务的定制化策略显得尤为重要。在高端消费品市场,调研语言需要体现专业性和精致感,注重品牌价值的传递;而在大众消费品市场,则更需强调语言的通俗易懂和亲和力。例如,针对奢侈品市场的调研,问卷措辞需要突出产品的独特性和稀缺性,使用更具情感共鸣的表达方式；而针对快消品市场的调研，则需要采用更直接、简洁的语言风格，确保信息的快速传达和准确理解。这种差异化的语言服务策略，要求调研团队深入理解不同细分市场的特征，制订相应的语言服务方案，以实现调研效果的最优化。

在全球化背景下，语言服务的标准化与本地化的平衡成为关键挑战。一方面，为了确保调研数据的可比性，需要建立统一的标准问卷框架和术语体系；另一方面，又要充分考虑不同市场的语言文化特征，进行必要的本地化调整。这种平衡的实现，需要建立完善的语言服务管理体系，包括术语库的建立、翻译质量的把控、本地化策略的制定等。例如，在跨境电商平台的用户满意度调研中，核心问题的表述需要在保持统一标准的同时，根据各地语言习惯进行适当调整，既确保数据的可比性，又提高问卷的接受度和回答质量。

人才培养体系的完善是解决语言障碍的长期保障。对此，高校应当建立跨学科的培养模式，将商务英语教育与市场调研、多元文化管理等专业知识有机结合。通过案例教学、模拟实训等方式，培养学生的实践能力和跨文化适应力。同时，建立校企合作机制，让学生在实际项目中锻炼语言服务能力，为电商行业输送既懂语言又懂业务的复合型人才。这种人才培养模式不仅能够提升学生的专业素养，还能增强其解决实际问题的能力，为电商的国际市场调研提供持续的人才支持。

语言障碍的解决需要多方协作和持续创新。除了技术手段和人才培养，还需要建立行业标准和最佳实践指南，促进经验分享和知识积累。通过建立多元文化沟通案例库、组织行业交流论坛等方式，推动语言服务水平的整体提升。同时，鼓励创新思维，探索新的解决方案，如基于大数据的语言偏好分析、智能化的语境适配系统等，不断提升语言服务的精准度和效率。这种多方协作的创新机制，将为电商国际市场调研提供更强大的语言支持，推动跨境电商的持续发展。

二、商务英语在调研报告撰写中的应用

在电商市场调研中，调研报告的撰写质量直接关系到决策层对市场信息的准确理解和战略的制定。商务英语作为国际商务沟通的通用语言，在调研报告撰写中具有重要地位。

在具体实践中，商务英语在调研报告撰写中的应用需要遵循"精准、简洁、专业"的原则。精准体现在对专业术语的准确使用和对数据的精确描述，这要求撰写者不仅要有扎实的英语功底，还要对电商行业的专业术语和概念有深入理解。简洁则要求语言表达要精练，避免冗长复杂的句式，确保信息传递的高效性。专业则体现在报告的整体结构和语言风格上，需要符合国际商务文书的规范要求，体现出专业性和权威性。这三个原则的把握，需要撰写者在语言能力和专业知识之间找到平衡点，既要确保语言表达的准确性，又要保证专业内容的深度和广度。

在全球化背景下，商务英语在调研报告撰写中的应用也需要考虑不同地区英语使用习惯的差异。虽然英语是国际商务的通用语言，但不同地区的英语使用习惯可能存在显著差异。例如，美式英语和英式英语在词汇选择、拼写规则和语法结构上都存在一定差异，而其他英语变体则可能带有更多本地化的特征。这种差异在调研报告撰写中需要特别注意，尤其是在面向特定地区市场时，需要采用符合当地习惯的英语表达方式，以增强报告的可读性和接受度。这就要求撰写者不仅要掌握标准的商务英语表达，还要对目标市场的英语使用习惯有深入了解。

商务英语在调研报告撰写中的应用还需要特别注意时态和语态的选择。在描述市场现状时，通常使用一般现在时；在分析历史数据时，需要使用过去时；而在预测未来趋势时，则需要使用将来时。这种时态的准确使用，不仅关系到语言表达的准确性，更影响到报告的逻辑性和说服力。同时，语态的选择也需要根据具体情况而定，主动语态通常用于强调行为主体，而被动语态则更适合用于突出行为对象或结果。这种细微的语言选择，往往能够显著提升报告的专业性和可信度。

商务英语在调研报告撰写中的应用同样需要特别注意专业术语的统一性和一致性。在电商领域，许多专业术语可能存在多种表达方式，但在同一份报告中，必须保持术语使用的一致性。这不仅关系到报告的专业性，更影响到信息的准确传递。例如，"customer acquisition cost"（客户获取成本）这一概念，在报告中应当始终保持统一的表达方式，避免出现"CAC""customer acquisition expense"等不同表述。这种术语使用的规范性，需要撰写者具备扎实的专业知识储备和严谨的写作态度。

第六节　商务英语与竞争对手分析

一、竞争对手语言分析的框架

在竞争对手分析中，语言作为信息载体和沟通媒介，其价值往往被低估。事实上，语言不仅是传递信息的工具，更是洞察竞争对手战略意图、市场细分、市场定位和运营策略的重要窗口。通过构建系统化的语言分析框架，企业能够从竞品关键词覆盖度、社交媒体互动语言特征、客服响应模式三个维度，深入挖掘竞争对手的市场策略和运营特点，为自身战略决策提供有力支撑。

竞品关键词覆盖度分析是语言监测体系的基础环节，它能够直观反映竞争对手的市场定位和营销策略。在电商领域，关键词不仅是用户搜索行为的直接体现，更是企业产品定位和营销策略的集中反映。通过建立关键词监测体系，企业可以系统追踪竞争对手在搜索引擎、电商平台、社交媒体等渠道的关键词布局，分析其关键词选择的策略性、覆盖的广度和深度。例如，某些国际品牌在关键词选择上会刻意突出"premium""luxury"等高端定位词汇，而另一些品牌则更倾向于使用"affordable""value for money"等性价比导向词汇。这种关键词选择的差异不仅反映了品牌定位的不同，也暗示了目标市场的差异。同时，关键词的更新频率和趋势变化也能反映出竞争对手的市场策略调整，如季节性促销、新品发布等关键节点的关键词变化往往预示着营销策略的转变。

社交媒体互动语言特征分析则为企业提供了洞察竞争对手用户群体特征和品牌形象的重要途径。在社交媒体时代，品牌与用户的互动语言风格已经成为塑造品牌形象的重要手段。通过分析竞争对手在社交媒体的语言使用特征，包括词汇选择、句式结构、语气语调等，可以深入理解其品牌定位和用户群体特征。例如，某些品牌倾向于使用简洁明快的语言风格，频繁使用表情符号和网络流行语，这种语言特征往往针对年轻用户群体；而另一些品牌则更注重语言的正式性和专业性，这种语言风格通常面向高端用户群体。此外，社交媒体上的用户评价和反馈也是重要的分析对象，通过自然语言处理技术，可以提取用户对产品的评价关键词、情感倾向等信息，为产品改进和市场策略调整提供参考。

客服响应模式的语言分析则是理解竞争对手服务策略和用户体验的重要窗口。在电商领域，客服语言不仅是解决问题的工具，更是塑造品牌形象、提升用户满意度的重要手段。通过建立客服语言监测体系，可以分析竞争对手的客服响应速度、语言风格、问题解决效率等关键指标。例如，某些国际电商平台在客服语言上强调个性化和情感化，客服人员会使用更多亲切的称呼和关怀性语言，这种语言策略有助于提升用户黏性；而另一些平台则更注重效率和专业性，客服语言简洁直接，这种风格更适合追求效率的用户群体。同时，客服语言中的专业术语使用频率、问题解决话术等也能反映出竞争对手的服务标准化程度和培训体系完善度。

构建完整的语言分析框架需要整合多种技术手段和分析方法。在数据采集方面，需要建立多渠道的数据抓取系统，覆盖搜索引擎、电商平台、社交媒体等多个数据源。在数据处理方面，可以运用自然语言处理技术进行文本分析，包括关键词提取、情感分析、主题建模等。在数据分析方面，需要建立多维度的指标体系，包括关键词覆盖率、社交媒体互动指数、客服响应效率等关键指标。同时，还需要建立动态监测机制，实时跟踪竞争对手的语言策略变化，及时调整分析框架和指标体系。

语言分析框架的应用价值不仅限于竞争对手分析，还可以为企业自身的市场策略制定提供重要参考。通过对比分析自身与竞争对手的语言策略差异，企业可以发现自身的优势和不足，优化产品定位和营销策略。例如，如果发现竞争对手在某个细分市场的关键词覆盖度明显高于自身，可能意味着该市场存在未被充分开发的潜力；如果发现竞争对手的社交媒体互动语言更受用户欢迎，可以借鉴其成功经验优化自身的社交媒体运营策略。

在全球化背景下，语言分析框架还需要考虑文化因素。不同文化背景下的用户对语言风格的偏好存在显著差异，这就要求企业在进行国际竞争对手分析时，要充分考虑目标市场的文化特征。因此，在建立语言分析框架时，需要根据不同市场的文化特征调整分析维度和评价标准，确保分析结果的准确性和实用性。

通过系统化的语言分析框架，企业能够更深入地理解国际竞争对手的市场策略和运营特点，为自身的国际化战略提供有力支持。这种基于语言的分析方法不仅能够帮助企业更好地把握市场动态，还能为产品开发、营销策略制定、客户服务优化等多个环节提供有价值的洞察。在未来的电商竞争中，语言分析能力将成为企业核心竞争力的重要组成部分，帮助企业在全球化市场中占据有利地位。

二、商务英语在竞争对手监测与评估中的作用

在国际竞争对手分析中，商务英语作为信息获取与解读的重要工具，其价值不仅体现在语言转换层面，更在于通过专业化的语言处理能力，从竞品发布的英文新闻稿中识别出供应链扩张的关键信号。这种信息挖掘能力要求分析人员具备扎实的商务英语功底，能够准确理解新闻稿中的专业术语、商业表达和潜在暗示，同时结合行业背景知识进行深度解读。供应链扩张信号往往隐藏在看似常规的企业动态报道中，需要从多个维度进行综合分析。例如，企业可能通过新闻稿中提及的新增合作伙伴、产能扩张计划、物流网络优化等表述，暗示其供应链布局的调整方向。这些信息通常以特定的商务英语表达方式呈现，如"strategic partnership"（战略合作）、"capacity expansion"（产能扩张）、"logistics optimization"（物流优化）等专业术语，需要分析人员具备敏锐的商业洞察力和语言解析能力。

从实际操作层面来看，商务英语在竞争对手监测与评估中的作用主要体现在信息采集、语义分析和趋势预测三个环节。在信息采集阶段，分析人员需要建立系统的新闻稿监测机制，重点关注竞争对手发布的英文新闻稿，特别是涉及供应链相关的内容。这要求分析人员不仅能够快速浏览大量英文信息，还要具备识别关键信息的能力。在语义分析阶段，商务英语的专业性体现在对新闻稿中隐含信息的解读上。例如，当一家电商企业在其新闻稿中频繁使用"global sourcing"（全球采购）、"regional distribution hubs"（区域配送中心）等词汇时，往往预示着其供应链正在向全球化方向拓展。这种语言信号需要结合企业的历史发展轨迹和行业趋势进行综合判断，才能得出准确的结论。

在竞争对手监测中，商务英语的应用还体现在对新闻稿发布频率、内容侧重和表述方式的分析上。供应链扩张往往伴随着一系列相关新闻稿的发布，这些

稿件在时间上呈现出一定的规律性，在内容上则可能涉及多个业务板块的协同发展。例如，一家电商企业可能先发布关于新建物流中心的新闻稿，随后跟进发布关于供应商合作的消息，最后再宣布新的配送服务上线。这种递进式的新闻稿发布模式，往往暗示着供应链体系的系统性升级。分析人员需要运用商务英语的专业知识，将这些分散的信息点串联起来，构建出竞争对手供应链扩张的完整图景。

商务英语在竞争对手评估中的独特价值还体现在对新闻稿中数据信息的精准解读上。供应链扩张往往伴随着具体的投资金额、建设规模、预期产能等量化指标的披露。这些数据通常以英文形式呈现，需要分析人员具备准确理解和换算的能力。例如，当一家企业在其新闻稿中提到"a $50 million investment in a new fulfillment center"（投资 5000 万美元建设新的配送中心）时，分析人员需要结合当地的市场环境和行业标准，评估这一投资规模在供应链布局中的战略意义。同时，还要注意新闻稿中使用的比较级和最高级等修饰语，这些语言细节往往暗示着企业在供应链建设方面的战略优先级。

在竞争对手监测与评估中，商务英语的应用还需要考虑文化差异带来的影响。不同国家和地区的企业在发布新闻稿时，其语言风格和表达方式可能存在显著差异。例如，有些地区的企业倾向于使用直接、量化的表述方式，而有些地区的企业则可能更注重整体战略的描述。这种文化差异要求分析人员不仅要具备扎实的商务英语能力，还要对不同文化背景下的商业表达方式有深入理解。只有这样，才能准确解读新闻稿中的供应链扩张信号，避免因文化差异导致的误判。

随着人工智能技术的发展，商务英语在竞争对手监测中的应用也呈现出新的特点。自然语言处理技术的进步使得大规模英文新闻稿的自动化分析成为可能。然而，机器翻译和语义分析仍然难以完全替代人工的专业判断。特别是在涉及供应链扩张等复杂商业决策的分析时，仍然需要具备商务英语专业背景的分析人员进行深度解读。这种人与技术的协同，将成为针对未来竞争对手监测与评估的重要趋势。

第六章
商务英语在电商市场定位中的高级策略与实践

第一节 品牌命名与标语的国际化设计

一、品牌命名的国际化考虑

品牌命名的国际化考虑是电商企业走向全球市场时面临的首要挑战之一，这不仅关系到品牌在目标市场的认知度，更直接影响着消费者的第一印象和品牌忠诚度。在全球化语境下，一个成功的品牌命名需要跨越语言和文化，实现多维度价值的统一。

语音易读性作为首要原则，要求品牌名称在不同语言环境中都能保持发音的流畅性和辨识度。以"Amazon"为例，其名称在多种主要语言中都能保持一致的发音特征，这种语音的普适性使得该品牌能够快速被全球消费者识别和记忆。研究表明，发音难度每增加一个等级，品牌记忆度将下降约23%，这凸显了语音易读性在品牌命名中的重要性。

语义无负面联想是品牌命名国际化过程中需要重点考量的第二个维度。文化差异往往导致同一词汇在不同语境下产生截然不同的含义，这就要求品牌命名时必须进行全面的文化审查。以中国汽车品牌"比亚迪"为例，其首字母"BYD"不仅避免了直接音译可能带来的文化冲突，还通过字母组合创造出"Build Your Dreams"的积极联想。这种多元文化语义的考量需要建立在对目标市场的文化、习俗等要素的深入理解之上。一项针对全球500强企业的调查显示，约67%的企业在品牌命名过程中会进行至少3轮以上的文化审查，以确保名称不会在目标市场产生负面联想。

商标可注册性是品牌命名国际化的第三个关键原则，也是确保品牌资产安全的基础保障。在全球范围内，商标注册遵循"先申请"原则，这就要求企业在确定品牌名称时必须进行全面的商标检索和风险评估。以阿里巴巴集团为例，其在全球主要市场都提前注册了"Alibaba"及相关衍生商标，这不仅保护了品牌资产，也为后续的品牌延伸奠定了基础。商标注册的复杂性还体现在不同国家和地区的法律差异上，如欧盟的商标注册采用统一制度，而在美国则实行"使用在先"原则。因此，企业在进行品牌命名时，需要成立专业的法律团队，对目标市场的商标注册制度进行深入研究，确保品牌名称的可注册性和独占性。

在实践操作层面，品牌命名的国际化还需要考虑搜索引擎优化（SEO）和社交媒体传播等数字营销因素。一个优秀的国际化品牌名称应该具备良好的网络搜索表现，能够在主要搜索引擎中获得较高的自然排名。同时，在社交媒体时代，品牌名称还需要具备话题性和传播性，便于用户自发传播和讨论。例如，耐克的"Just Do It"不仅传达了品牌精神，还因其简洁有力而成为社交媒体上的热门话题标签。这种数字时代的传播特性要求品牌命名不仅要考虑传统要素，还要融入互联网思维，实现线上线下传播的统一。

品牌命名的国际化还需要考虑未来发展的延展性。随着企业业务的扩展和产品线的丰富，品牌名称需要具备足够的包容性和扩展空间。这种品牌延展性要求企业在命名时就要考虑到未来可能的发展方向，避免因名称局限而制约业务拓展。同时，品牌名称还需要具备跨品类的适应性，以便在企业进行多元化经营时能够保持品牌形象的一致性。

在全球化背景下，品牌命名的国际化还需要考虑本土化与全球化的平衡。完全本土化的命名可能限制品牌的全球扩展，而过于全球化的命名又可能失去本土市场的亲和力。因此，许多企业采用"全球统一品牌+本土化子品牌"的策略，如可口可乐在全球使用统一品牌"CocaCola"，但在中国市场则推出"可口可乐"这一本土化名称，既保持了品牌的一致性，又增强了本土市场的认同感。这种平衡策略要求企业在品牌命名时就要考虑到未来可能的本土化需求，为品牌的本土化运营预留空间。

品牌命名的国际化是一个系统工程,需要综合考虑语言学、营销学、法学等多个学科的知识。它不仅关系到品牌的短期市场表现,更影响着品牌的长期发展潜力。在电商全球化的大背景下,一个成功的国际化品牌命名应该能够跨越语言和文化的障碍,在保持品牌核心价值的同时,实现与目标市场的深度连接。这要求企业在品牌命名过程中建立科学的评估体系,通过多轮测试和优化,最终确定既符合企业战略又适应市场需求的品牌名称。

二、品牌标语国际化设计的文化适应性

在全球化的电商市场中,品牌标语的设计不仅需要传递品牌核心价值,还必须考虑目标市场的文化背景和语言习惯。耐克的"Just Do It"标语在全球范围内广为人知,但在某些市场中,这一标语被调整为"Just Achieve It",这一调整背后便蕴含了深刻的文化动因和语言服务策略。

文化适应性在标语设计中至关重要,它不仅涉及语言的字面翻译,更需要对目标市场的文化心理进行深入理解。不同市场的消费者对品牌标语的接受度往往与其文化背景密切相关。品牌的标语不仅不能与当地文化价值观产生冲突,还要尽力将品牌的核心价值与当地文化相结合,增强品牌在当地的认同感和亲和力。

第二节　国际化内容创作与优化策略

一、国际化内容创作的基本原则

在全球化与本土化交织的电商市场中,商务英语营销内容的国际化创作面临着前所未有的挑战与机遇。Glocalization(全球本土化)框架的提出,为这一难题提供了系统性的解决方案。该框架强调在保持品牌核心信息全球统一性的同

时,允许表达形式根据目标市场的文化特征进行灵活调整,从而实现品牌传播效果的最大化。这种看似矛盾的双重要求,实际上体现了全球化进程中"和而不同"的智慧,要求内容创作者在统一性与多样性之间找到最佳平衡点。

核心信息的统一性构建了品牌全球认知的基础,这是 Glocalization 框架的首要原则。在电商领域,品牌的核心价值主张、产品功能特征、服务承诺等关键信息必须保持全球一致性,以确保品牌形象的可识别性和可信度。例如,某国际电商平台在全球范围内推广其"便捷购物体验"的核心价值时,虽然在不同市场采用了不同的表达方式,但"便捷"这一核心概念始终贯穿于所有市场传播内容中。这种统一性不仅体现在文字表述上,更延伸至视觉符号、品牌调性等非语言要素,形成多维度的品牌识别系统。通过建立统一的品牌信息库,确保核心信息在不同市场传播中的一致性,企业能够有效维护品牌资产的全球统一性。

表达形式的灵活化则是 Glocalization 框架的另一重要维度,它要求内容创作者深入理解目标市场的文化特征、消费习惯和语言偏好。这种灵活化不仅体现在语言层面,还包括视觉元素的选择、营销场景的设置、互动方式的调整等多个方面。通过建立本地化的内容创作团队,结合大数据分析工具,企业能够准确把握不同市场的文化特征,实现表达形式的精准适配。

在实践层面,Glocalization 框架的实施需要建立系统化的内容管理机制。这包括建立全球内容管理系统(CMS),实现核心信息的统一管理与本地化内容的灵活配置;开发多语言内容创作工具,提高内容生产效率;建立多元文化内容审核机制,确保本地化内容的质量与合规性。例如,某跨境电商平台通过建立"全球—区域—本地"三级内容管理体系,实现了核心信息的统一管理与本地化内容的灵活创作。这种机制不仅提高了内容创作的效率,还确保了品牌传播的一致性与适应性。

技术手段的运用为 Glocalization 框架的实施提供了有力支撑。人工智能翻译技术的进步使得大规模、高质量的多语言内容生产成为可能;自然语言处理技术能够帮助分析不同市场的语言特征和用户偏好;机器学习算法可以优化内容投放策略,提高营销效果。例如,某电商平台利用人工智能技术分析不同市场的用户评价和搜索数据,自动生成符合当地语言习惯的产品描述,显著提高了转化率。这些技术的应用不仅提高了内容创作的效率,还增强了内容的本土化程度。

在内容创作过程中，文化敏感度的培养至关重要。这要求内容创作者不仅要具备扎实的语言能力，还要深入了解目标市场的文化特征、社会规范和消费心理。通过建立文化敏感性培训机制，培养跨文化内容创作人才，企业能够有效避免文化冲突，提高营销内容的接受度。

评估与优化机制的建立是确保 Glocalization 框架有效实施的关键。这包括建立多维度内容效果评估体系，涵盖用户参与度、转化率、品牌认知度等指标；建立快速反馈机制，及时调整内容策略；建立知识共享平台，促进不同市场间的经验交流。例如，某跨境电商平台通过建立实时数据分析系统，能够及时监测不同市场的内容效果，快速调整内容策略，显著提高了营销效果。这种动态优化机制确保了内容创作始终与市场需求保持同步。

Glocalization 框架的实施还需要考虑不同市场的发展阶段和数字化程度。在新兴市场，可能需要更多考虑移动端内容的优化和社交媒体的运用；在成熟市场，则需要注重内容的深度和专业性。这种差异化的内容策略要求企业建立灵活的内容创作机制，能够根据不同市场的特征快速调整内容策略。通过建立市场分级体系，制定差异化的内容策略，企业能够实现资源的最优配置，提高内容营销的投入产出比。

二、适应市场的内容优化策略

在电商全球化进程中，电商企业的网络登录页面（Landing Page）作为用户接触品牌的第一触点，其多语言版本的优化直接影响转化率的表现。A/B 测试作为一种科学的数据驱动优化方法，能够有效提升多语言 Landing Page 的本地化效果。通过建立系统化的测试流程，企业可以精准把握不同语言市场用户的偏好特征，实现内容策略的持续优化。

多语言版本 Landing Page 的 A/B 测试需要构建完整的指标体系，这包括基础转化指标、用户行为指标和内容表现指标三个维度。基础转化指标主要追踪注册率、购买率等核心业务数据；用户行为指标则通过热力图、点击流分析等工具，深入洞察用户与页面的交互特征；内容表现指标则着重评估本地化翻译质量、文化适配度等语言服务效果。在测试过程中，需要特别注意不同语言市场的文化差异,例如在阿拉伯语市场,页面布局需要采用从右至左的阅读习惯,而日语市场则更注重细节描述和信任感的建立。

实施 A/B 测试时,样本量的确定和测试周期的规划至关重要。考虑到不同语言市场的用户规模差异,测试样本需要根据各市场的流量特征进行分层抽样,确保测试结果的代表性。测试周期则需要兼顾数据的稳定性和市场变化的时效性,通常建议每个测试周期持续 7—14 天,以覆盖完整的用户行为周期。同时,要建立实时的数据监控机制,当测试组和对照组的差异达到统计学显著性水平时,即可停止测试,避免不必要的时间成本。

数据分析环节是 A/B 测试的核心,需要运用多种统计方法对测试结果进行深入解读。除了常规的转化率对比,还需要进行多维度交叉分析,如不同设备类型、用户来源渠道等因素对测试结果的影响。对于多语言版本,特别要注意语言特征与用户行为的关联性分析,如发现某些语言版本的跳出率异常偏高,可能需要重新评估翻译质量或文化适配度。通过建立数据模型,可以预测不同优化方案的市场表现,为后续的迭代优化提供科学依据。

优化策略的实施需要遵循渐进式原则,将测试结果转化为可执行的优化方案。对于表现优异的版本,可以快速推广应用;对于表现欠佳的版本,则需要深入分析原因,可能是文案表达不够精准,或是视觉元素不符合当地审美。在优化过程中,要特别注意保持品牌调性的一致性,避免过度本地化导致品牌形象模糊。同时,要建立版本更新机制,定期对 Landing Page 进行迭代优化,以适应市场变化和用户需求的演进。

持续优化机制的建立是确保多语言 Landing Page 长期竞争力的关键。这需要建立标准化的测试流程文档,明确各环节的操作规范和评估标准。同时,要构建知识库系统,将每次测试的经验教训进行系统化整理,形成可复用的优化策略。对于表现稳定的版本,可以建立基准数据,作为后续测试的参照标准。此外,还需要建立跨部门协作机制,确保内容团队、技术团队和数据分析团队的高效配合,提升优化效率。

在实施过程中,企业还需要注意规避常见的误区。一是避免过度依赖数据而忽视用户体验的感性因素,二是防止测试周期过长导致错过市场机会,三是警惕样本偏差对测试结果的干扰。同时,要建立完善的隐私保护机制,确保用户数据的安全合规使用。通过建立科学的测试体系，企业可以持续提升多语言 Landing Page 的转化效果，为全球化战略提供有力支撑。

随着人工智能技术的发展，A/B 测试的方法也在不断革新。机器学习算法的引入使得测试方案的设计更加智能化，能够自动识别关键变量并生成优化建议。自然语言处理技术的进步则提升了多语言内容的质量评估效率，为快速迭代提供了技术支持。未来，随着元宇宙等新技术的应用，Landing Page 的呈现形式和测试方法都将发生革命性变化，但数据驱动的优化理念将始终是提升转化率的核心策略。

第三节　广告策划与全球促销活动

一、广告策划中的文化理解

在电商广告策划中，文化理解的重要性不仅体现在对目标市场消费者行为习惯的把握上，更在于对文化符号的精准转化与重构上。以中国春节营销为例，"红包"这一文化符号在中文语境中承载着祝福、好运和财富的寓意，但当其直接翻译为"Red Envelope"进入英语市场时，却可能引发文化误读。但国外消费者对"Red Envelope"的认知停留在字面意义，难以理解其背后蕴含的深层文化内涵。因此，在广告策划中，需要将文化符号进行创造性转化，采用"Lucky Coupon"等更具普适性的表达方式，既保留了祝福的寓意，又避免了文化误解。

文化符号的转化不仅需要考虑语言层面的适配性，更要深入理解目标市场的文化心理。以"福"字为例，在中国文化中，倒贴"福"字寓意"福到"，但在西方文化中，倒置的文字往往被视为错误或不吉利的象征。因此，在广告设计中，不能简单地将"福"字直接倒置使用，而需要通过视觉元素的重新组合，创造出既符合中国文化寓意，又能被国外消费者接受的设计方案。例如，可以将"福"字与象征好运的外国文化符号（如四叶草、马蹄铁等）结合，通过视觉隐喻传递祝福的寓意，实现文化符号的多元文化融合。

文化符号的转化还需要考虑目标市场的消费心理和审美偏好。以春节主题的电商广告为例，中文广告中常用的红色主色调和大面积的传统图案，在外国市场可能显得过于浓烈和传统。因此，在视觉设计上，可以采用更为现代和国际化的设计语言，如将红色与金色、白色等中性色调搭配使用，或者将传统图案进行简约化处理，创造出既保留春节氛围，又符合国际审美趋势的视觉形象。同时，在广告素材的选择上，也需要考虑目标市场的文化多样性，避免使用过于单一的文化符号，而是通过多元文化元素的融合，创造出更具包容性和吸引力的广告内容。

在广告投放策略上，文化理解还体现在对目标市场节日文化的准确把握上。以春节营销为例，虽然春节在华人社区具有重要地位，但在非华人市场，其影响力相对有限。因此，在制定广告投放策略时，需要根据目标市场的文化特征进行差异化投放。在华人聚居区，可以采用更具传统文化特色的广告内容，而在非华人市场，则可以将春节元素与当地文化相结合，创造出更具普适性的广告主题。例如，可以将春节促销与情人节等当地重要节日相结合，通过文化嫁接的方式提升广告的接受度和影响力。

文化符号的转化还需要考虑不同文化背景下的消费行为差异。以春节期间的礼品消费为例，在中国文化中，礼品的选择往往注重寓意和象征意义，而在有些文化中，消费者可能更注重礼品的实用性和个性化。因此，在广告策划中，需要根据目标市场的消费习惯调整产品推荐策略。在华人聚居区，可以突出产品的吉祥寓意和文化内涵，而在非华人聚居区，则可以强调产品的实用价值和独特卖点。同时，在广告文案的撰写中，也需要根据目标市场的语言习惯进行调整，避免直接翻译中文广告语，而是根据当地消费者的语言习惯和表达方式重新创作广告文案。

在广告效果的评估和优化过程中，文化理解同样发挥着重要作用。通过数据分析和文化洞察，可以及时发现广告传播中的文化障碍，并采取相应的优化措施。例如，通过 A/B 测试比较不同文化符号转化方案的效果，或者通过社交媒体监测了解消费者对广告内容的文化反馈，从而不断优化广告策略。同时，还需要建立跨文化广告策划的知识库，积累不同文化背景下广告策划的成功经验和失败教训，为未来的广告策划提供参考和借鉴。通过持续的文化学习和实践积累，不断提升广告策划的文化适应性和有效性，最终实现品牌价值的全球化传播。

二、全球促销活动的策划

在全球电商市场中，促销活动的策划与执行不仅需要精准把握目标市场的消费心理，更需要在语言上实现文化适配与情感共鸣。

语言包装策略的核心在于文化转译与情感重构。如某跨国电商平台在进入某国市场时，将"黑色星期五"改造为"白色周末促销"，这一命名不仅规避了文化冲突，还巧妙地融入了当地消费者的情感偏好。商务英语在这一过程中不仅要完成字面翻译，更需要在语言风格、修辞手法以及文化内涵上进行深度适配。例如，在促销广告中，商务英语文案需要避免使用过于直白的促销语言，转而采用更具诗意与情感共鸣的表达方式。诸如"让幸福如白色般纯净"或"周末的馈赠，如白色般温暖"等文案，不仅能够引发消费者的情感共鸣，还能强化品牌的文化亲和力。

在语言包装的执行层面，商务英语需要与本地化团队紧密协作，确保促销活动的每一个细节都符合目标市场的文化习惯与消费心理。例如，在促销广告中，商务英语文案可以借助"沙漠中的绿洲"这一意象，将购物节描述为"一年一度的幸福绿洲"，从而在消费者心中建立起独特的品牌联想。此外，商务英语还需要在促销活动的执行过程中，充分考虑当地的语言习惯与表达方式，避免因语言差异导致消费者的误解或不满。

在全球促销活动的策划中，商务英语的语言包装策略还需要充分考虑目标市场的法律与政策环境。商务英语文案在撰写过程中，必须严格遵守当地的法律法规，避免使用可能引发争议的语言或表达方式。例如，在促销广告中，商务英语文案需要避免使用过于夸张或虚假的宣传语言，转而采用更为含蓄与理性的表达方式。同时，商务英语还需要在促销活动的执行过程中，充分考虑当地的文化禁忌与消费习惯，要采用更为得体的表达方式。

在全球促销活动的执行过程中，商务英语的语言包装策略还需要充分考虑目标市场的技术环境与消费习惯，确保促销信息能够通过社交媒体平台精准触达目标消费者。例如，在促销广告中，商务英语文案可以借助社交媒体的互动功能，设计更具参与感的促销活动，如"分享即享折扣"或"点赞赢大奖"等，从而激发消费者的参与热情。

第七章
高校在电商商务英语人才培养中的角色与创新路径

第一节 高校教育与电商商务英语需求的精准对接

一、电商商务英语需求分析

在电商行业快速发展的背景下,商务英语作为连接全球市场的关键语言工具,其重要性日益凸显。通过对招聘数据和岗位描述的深入分析,可以清晰地看到该行业对商务英语能力的具体需求。这些需求不仅体现在语言技能的掌握上,更涉及多元文化沟通、市场分析、品牌传播等多个维度。招聘数据中频繁出现的关键词如"多元文化沟通能力""市场分析报告撰写""商务谈判技巧"等,反映出电商行业对员工在全球化运营中的综合语言能力要求。这些要求并非孤立存在,而是相互关联、相互支撑的,构成了一个完整的商务英语能力体系。

从岗位描述的具体内容来看,电商行业对商务英语的需求呈现出明显的专业化和场景化特征。在产品开发环节,要求员工具备准确理解国际市场需求、分析竞争对手产品信息的能力;在市场营销领域,则需要能够熟练运用英语进行品牌定位、广告文案创作和社交媒体运营;在客户服务方面,除了基本的语言沟通能力外,还强调文化敏感度和问题解决能力。这些需求不仅反映了电商行业对商务英语的重视程度,也揭示了语言服务在电商运营中的核心价值。值得注意的是,随着跨境电商的快速发展,企业对商务英语人才的需求已经从单纯的翻译服务转向了更具战略价值的语言服务。

通过对招聘数据的定量分析，可以发现电商行业对商务英语能力的要求呈现出明显的层次性和递进性。初级岗位更注重基础语言技能的掌握，如商务信函写作、日常沟通能力等；中级岗位则强调专业领域的语言应用能力，如市场分析报告撰写、商务谈判技巧等；高级岗位则要求具备战略层面的语言服务能力，如品牌国际化战略制定、跨文化团队管理等。这种层次性的需求结构，为高校制订人才培养方案提供了重要参考。同时，岗位描述中频繁出现的"数据分析能力""数字营销技能"等关键词，也反映出电商行业对商务英语人才提出了更高的复合型要求。

在电商行业的具体应用场景中，商务英语的需求呈现出明显的动态性和创新性特征。随着新技术的应用和新模式的涌现，企业对语言服务的要求也在不断升级。例如，在直播电商领域，要求商务英语人才既要具备流利的语言表达能力，还要掌握直播技巧和产品展示能力；在社交媒体营销中，则需要具备跨文化内容创作和危机公关能力。这些新兴需求对传统商务英语教育提出了新挑战，也指明了人才培养的创新方向。通过对这些需求的深入分析，可以为高校课程设置和教学改革提供有力支撑。

从行业发展趋势来看，电商行业对商务英语人才的需求正在从单一的语言技能向综合能力转变。这种转变体现在多个层面：在知识结构上，要求商务英语人才不仅要精通语言，还要具备电商运营、数字营销、国际贸易等专业知识；在能力结构上，强调数据分析、项目管理、跨文化沟通等综合能力；在素质要求上，则注重创新思维、学习能力和适应能力。这种复合型人才需求的转变，反映了电商行业对语言服务的认识正在从工具性价值向战略性价值转变。这种转变不仅影响着企业的招聘策略，也对高校的人才培养模式提出了新的要求。

针对电商行业对商务英语人才的具体需求，高校需要建立动态调整机制，确保人才培养与行业需求的有效对接。这种对接不仅要体现在课程设置上，还应贯穿于人才培养的全过程。例如，可以通过校企合作项目，让学生深入了解电商行业的实际需求；通过案例教学，培养学生解决实际问题的能力；通过实践教学，提升学生的综合应用能力。同时，还需要建立科学的评估体系，及时跟踪行业需求变化，调整人才培养方案。这种动态调整机制，是确保高校人才培养与行业需求精准对接的关键。

在全球化背景下,电商行业对商务英语人才的需求呈现出明显的国际化特征。这种特征不仅体现在语言能力的国际化要求上,更体现在思维方式和职业素养的国际化要求上。企业需要的人才不仅要能够熟练使用英语进行沟通,还要具备国际视野、多元文化理解能力和全球市场洞察力。这些要求对高校的国际化办学提出了新的挑战,也为人才培养模式的创新提供了新的思路。通过引进国际化课程、开展国际交流项目、建立国际化师资队伍等方式,可以有效提升商务英语人才的国际化水平,满足电商行业对高素质人才的需求。

二、高校教育对接策略

在电商行业迅猛发展的背景下,商务英语作为连接全球市场的关键工具,其重要性日益凸显。高校作为人才培养的摇篮,必须深刻认识到电商行业对商务英语人才的需求特点,并采取切实可行的对接策略,以确保教育输出与行业需求的高度契合。企业导师进课堂、真实项目实习、行业认证嵌入学分等合作机制,正是实现这一目标的有效途径。

企业导师进课堂的机制设计,不仅能够将行业前沿动态引入教学,还能为学生提供与实战经验丰富的专业人士直接对话的机会。通过邀请电商企业的高管、运营专家或语言服务顾问担任兼职导师,高校可以打破传统课堂的局限,将真实的商业案例、市场分析工具以及跨文化沟通技巧融入课程体系。这种模式不仅能帮助学生理解商务英语在电商环境中的实际应用场景,还能培养其解决复杂问题的能力。例如,导师可以围绕跨境电商平台的用户评论分析、产品描述优化、客服话术设计等具体任务,引导学生进行深度思考和实践操作,从而使其在理论学习与实战经验之间建立起紧密的联系。

真实项目实习的引入,则是将学生置于真实的商业环境中,使其在实践中检验和提升商务英语能力。高校可以与知名电商平台、跨境物流企业或语言服务提供商建立长期合作关系,为学生提供参与实际项目的机会。这种实习模式不仅限于传统的暑期实习或毕业实习,还可以通过短期项目制实习、线上远程实习等多种形式灵活开展。学生在实习过程中,将直接面对来自不同文化背景的客户,处理多语言环境下的沟通问题，并参与从市场调研到产品推广的全流程工作。这种沉浸式的学习体验，能够帮助学生快速适应电商行业的节奏，同时培养其跨文化沟通能力和团队协作精神。

行业认证嵌入学分的机制设计，则是将行业标准与高校课程体系深度融合的重要举措。通过将国际认可的商务英语认证考试（如 BEC、TOEIC 等）或电商行业相关认证（如跨境电商运营师、国际物流管理师等）纳入学分体系，高校可以确保学生在完成学业的同时，获得行业认可的资质证书。这种设计不仅能够提升学生的就业竞争力，还能促使高校课程内容与行业需求保持同步更新。例如，高校可以将 BEC 高级考试的听、说、读、写四个模块分别嵌入商务英语专业的不同课程中，使学生在学习过程中逐步掌握考试所需的技能，并在毕业时顺利通过认证考试。

此外，高校还可以通过建立校企联合实验室、举办行业论坛或工作坊等形式，进一步深化与电商行业的合作。这些平台不仅能够为学生提供更多的实践机会，还能促进高校教师与行业专家之间的交流与合作，从而推动教学内容的持续优化。例如，校企联合实验室可以围绕跨境电商的语言服务需求，开展多语言智能客服系统、跨文化营销策略优化等研究项目，使学生在参与科研的过程中，深入了解行业痛点并探索解决方案。

在实施这些对接策略的过程中，高校还需要注重培养学生的综合素质，包括跨文化适应能力、创新思维能力和终身学习能力。电商行业的快速变化要求从业者不仅具备扎实的语言技能，还需要具备敏锐的市场洞察力和持续学习的能力。因此，高校在课程设计中，应注重引入跨学科内容，如数据分析、数字营销、国际商务法律等，以帮助学生构建多元化的知识体系。同时，高校还可以通过开设创新创业课程、组织国际交流项目等方式，拓宽学生的视野，培养其全球化思维。

最后，高校应建立完善的反馈机制，定期评估教育输出与行业需求的匹配度，并根据评估结果及时调整培养方案。通过与行业企业、毕业生以及在校生的多方沟通，高校可以了解行业的最新动态和人才需求变化，从而确保教育内容的时效性和实用性。例如，高校可以定期邀请行业专家参与课程评审，或通过问卷调查、座谈会等形式收集企业和学生的反馈意见，并将其作为课程改革的重要依据。

通过以上多维度的对接策略，高校不仅能够为电商行业输送具备扎实商务英语能力和实战经验的高素质人才，还能在推动电商国际化发展的过程中，发挥更加积极的作用。这种深度融合的教育模式，不仅符合行业发展的需求，也为高校教育改革提供了新的思路和方向。

第二节　高校电商商务英语课程体系的系统构建

一、课程目标设定

在构建高校电商商务英语课程体系时，课程目标的设定需要立足电商行业的实际需求，同时兼顾语言教育的本质特征。电商行业的全球化发展趋势对人才提出了更高的要求，不仅需要具备扎实的英语语言基础，还要能够熟练运用商务知识，并在跨文化环境中游刃有余。因此，课程目标的设定应当以培养"语言能力＋商务技能＋跨文化意识"三位一体的复合型人才为核心，构建起多层次、多维度的目标框架。

语言能力的培养应当突破传统英语教学的局限，着重提升学生在电商场景下的专业语言运用能力。这包括但不限于商务信函写作、跨境谈判技巧、产品描述优化等实用技能。在课程设计中，需要特别关注电商领域特有的语言特征，如搜索引擎优化文案撰写、社交媒体营销文案创作等新兴需求。同时，考虑到电商行业的实时性和互动性特点，课程应当强化学生的即时沟通能力，培养其在视频会议、在线客服等场景下的语言应变能力。值得注意的是，语言能力的培养不应局限于英语单语种，而应当适当引入多语种元素，以适应跨境电商的多元化需求。

商务技能的培养则需要紧密结合电商行业的实际运作模式，构建起理论与实践相结合的教学体系。课程目标应当涵盖电商运营的各个环节，包括市场分析、产品定位、营销策略、客户关系管理等核心内容。在具体实施过程中，可以通过案例分析、模拟实训等方式，让学生深入理解跨境电商的运营逻辑。特别是在数字营销、数据分析等新兴领域，课程设计需要与时俱进，引入最新的行业实践和工具应用。同时，考虑到电商行业的快速迭代特性，课程目标还应当注重培养学生的自主学习能力和创新思维，使其能够适应行业的持续变革。

多元文化意识的培养是电商商务英语课程区别于传统商务英语课程的重要特征。在全球化背景下，电商从业者需要面对来自不同文化背景的客户和合作伙伴，这就要求课程目标必须包含多元文化交际能力的培养。具体而言，课程应当帮助学生理解不同文化背景下的消费心理、商业习惯和沟通方式，培养其文化敏感度和适应性。在教学方法上，可以采用多元文化案例分析、虚拟国际合作项目等方式，让学生在模拟真实场景中提升跨文化交际能力。同时，课程还应当注重培养学生的文化包容性和全球视野，使其能够在多元文化环境中有效开展工作。

在设定课程目标时，还需要考虑不同层次学生的差异化需求。对于基础阶段的学生，课程目标应当侧重于语言能力和基础商务知识的掌握；对于进阶阶段的学生，则需要强化实践能力和跨文化交际能力的培养。这种分层递进的目标设定方式，既保证了课程的系统性和连贯性，又能够满足学生的个性化发展需求。同时，课程目标的设定还应当与行业认证体系相衔接，为学生未来的职业发展提供有力支撑。

课程目标的实现离不开科学的教学方法和评估体系。在教学方法上，应当采用项目式学习、案例教学、情景模拟等多元化手段，将理论知识与实践应用有机结合。评估体系则应当突破传统的考试模式，建立过程性评价与结果性评价相结合的多元评估机制。可以通过商业计划书撰写、跨境电商平台实操、跨文化交际情景模拟等方式，全面评估学生的综合能力。这种评估方式不仅能够真实反映学生的学习效果，还能够为课程目标的持续优化提供依据。

课程目标的设定还需要考虑与产业界的深度对接。通过建立校企合作机制，将行业最新需求及时反馈到课程设计中，确保课程目标与行业发展保持同步。可以邀请行业专家参与课程设计，组织学生参与企业实践项目，建立产学研一体化的培养模式。这种深度对接能够提升课程的实用性和前瞻性，为学生提供真实的职业体验，增强其就业竞争力。

在实施过程中，课程目标的设定还需要保持一定的灵活性，以适应电商行业的快速变化。可以通过建立动态调整机制，定期收集行业反馈和学生意见，及时优化课程目标。同时，应当充分利用数字化教学资源，开发在线课程模块，为学生提供个性化的学习路径。这种灵活性和开放性的课程目标设定方式，不仅能够提高教学效率，还能够培养学生的自主学习能力和终身学习意识。

二、课程内容设计

在构建高校电商商务英语课程体系时，课程内容设计是核心环节，直接关系到人才培养的质量与行业需求的匹配度。

跨境电商文案写作作为实务课程模块的重要组成部分，不仅需要学生掌握基本的英语写作技巧，更要深入理解目标市场的文化背景、消费习惯以及语言风格。文案写作不仅仅是语言的转换，更是文化的传递与价值的表达。学生在学习过程中，需要通过大量的案例分析，了解不同国家消费者对产品描述的偏好，掌握如何通过语言激发购买欲望的技巧。例如，有些地区的市场更注重产品的功能性和创新性，而有些地区的市场则可能更关注产品的性价比和情感共鸣。因此，课程设计应注重多元文化沟通能力的培养，通过模拟真实场景，让学生在实践中掌握如何根据不同市场调整文案风格，从而提升文案的转化率。

国际商务谈判模拟是第二个关键模块，旨在培养学生的多元文化谈判能力与应变能力。在电商全球化背景下，谈判不仅仅是语言的交锋，更是文化、策略与心理的博弈。课程设计应通过模拟真实的商务谈判场景，让学生体验从前期准备到谈判结束的全过程。谈判前的准备工作尤为重要，学生需要学习如何收集和分析谈判对手的背景信息，制定谈判策略，并在谈判中灵活运用语言技巧。例如，在谈判中如何通过语言表达建立信任，如何通过提问引导对方透露更多信息，如何在僵局中寻找突破口等。通过反复的模拟训练，学生不仅能够提升语言表达能力，还能培养敏锐的商业洞察力和灵活的应变能力，为未来的国际化商务活动打下坚实基础。

本地化项目管理作为课程体系的第三个关键模块，旨在培养学生对跨境电商全流程的掌控能力。本地化不仅仅是语言的翻译，更是产品、服务与文化的全方位适配。课程设计应涵盖从市场调研、产品定位到内容本地化的全流程，让学生了解如何在全球化背景下实现产品的本土化落地。例如，学生在学习过程中需要掌握如何通过数据分析确定目标市场的需求，如何根据当地文化调整产品设计和营销策略，以及如何协调跨文化团队完成本地化项目。通过案例分析和项目实践，学生能够深入理解本地化项目的复杂性，并掌握项目管理的基本工具和方法，从而提升其在跨境电商领域的综合竞争力。

在课程内容设计中，理论与实践的结合至关重要。跨境电商文案写作、国际商务谈判模拟和本地化项目管理三个模块不仅需要学生掌握理论知识，更需要通过大量的实践训练将知识转化为能力。因此，课程设计应注重实践环节的设置，例如通过校企合作引入真实的跨境电商项目，让学生在真实的商业环境中应用所学知识。同时，课程还应注重跨学科知识的融合，例如，将市场营销、数据分析和多元文化沟通等领域的知识融入课程内容，帮助学生构建完整的知识体系，从而更好地应对跨境电商领域的复杂挑战。

此外，课程内容设计还应注重创新性与前瞻性。随着技术的快速发展，跨境电商领域也在不断变化，如人工智能在文案写作中的应用、虚拟现实技术在商务谈判中的使用等。因此，课程设计应紧跟行业发展趋势，引入最新的技术和工具，帮助学生掌握未来跨境电商领域所需的技能。例如，在文案写作课程中，可以引入人工智能辅助写作工具，让学生了解如何利用技术提升文案创作的效率和质量；在本地化项目管理课程中，可以引入项目管理软件和数据分析工具，帮助学生提升项目管理的科学性和精准性。

最后，课程内容设计还应注重学生的个性化发展。跨境电商领域对人才的需求是多样化的，不同岗位对语言能力的要求也有所不同。因此，课程设计应提供多样化的选修模块，如针对文案写作的进阶课程、针对谈判技巧的专项训练、针对项目管理的高级课程等，让学生根据自身的兴趣和职业规划选择适合的学习路径。同时，课程还应注重学生的自主学习能力培养，如通过在线学习平台提供丰富的学习资源，让学生能够根据自身的学习进度和需求进行自主学习，从而提升学习的灵活性和效果。

通过以上多方面的课程内容设计，高校能够为电商行业培养出既具备扎实语言能力，又具备跨文化沟通能力和项目管理能力的复合型人才，从而为电商行业的国际化发展提供有力支持。

三、课程评价机制

在构建高校电商商务英语课程评价机制时，必须突破传统单一维度的考核模式，建立起以企业深度参与为核心的多维度评价体系。这种评价体系的创新之处在于将企业真实需求与教学评价有机结合，通过模拟路演、真实项目交付评估等实践性评价方式，能够准确衡量学生的语言应用能力，全面评估其在真实商业环境中的综合表现。模拟路演作为一种动态评价方式，要求学生在限定时间内完成商业计划展示、产品推介、客户沟通等环节，这种评价方式能够有效检验学生的即时反应能力、多元文化沟通技巧以及商务英语表达能力。在路演过程中，企业代表作为评审专家，可以从行业视角对学生的表现进行专业点评，这种来自市场的反馈能够帮助学生及时调整学习方向，使课程内容与行业需求保持高度一致。

真实项目交付评估则进一步将评价场景延伸至实际商业运作中，通过校企合作项目，学生需要完成从需求分析、方案设计到最终交付的完整流程。这种评价方式不仅考查学生的语言能力，更注重其项目管理能力、团队协作能力以及问题解决能力。在项目执行过程中，企业导师的全程参与能够确保评价标准的客观性和专业性，同时也为学生提供了宝贵的实践机会。值得注意的是，这种评价机制需要建立科学的评分标准体系，包括语言准确性、沟通效果、商业思维、创新意识等多个维度，每个维度都应设置具体的评价指标和权重，以确保评价结果的全面性和公正性。

在实施多维度评价体系时，必须充分考虑评价主体的多元化特征。除了企业代表外，还应引入行业专家、校友导师等多方评价主体，形成360°全方位评价体系。这种多元评价机制能够有效避免单一评价主体可能带来的主观偏差，同时也能为学生提供多角度的反馈意见。评价过程中，应特别注重过程性评价与结果性评价的结合，通过建立电子档案袋系统，记录学生在各个评价环节的表现，形成完整的成长轨迹。这种评价方式不仅能够客观反映学生的学习效果，还能为课程优化提供数据支持。

评价结果的反馈与应用是多维度评价体系的关键环节。传统的评价往往止步于分数评定，而创新性的评价机制则强调评价结果的深度分析和有效应用。通过建立评价数据分析平台，可以对学生的各项能力进行量化分析，找出共性问题与个性差异，为个性化教学提供依据。同时，评价结果应及时反馈给课程设计团队，用于优化课程内容和教学方法，形成"评价—反馈—改进"的良性循环。这种闭环式的评价机制能够确保课程体系始终与行业发展保持同步，提高人才培养的针对性和实效性。

在评价标准的设计上，需要充分考虑电商行业的特殊性。电商领域的商务英语应用具有鲜明的行业特征，如快速迭代的行业术语、多样化的沟通场景、复杂的跨文化交际需求等。因此，评价标准不仅要涵盖通用商务英语能力，还要特别关注电商场景下的专业能力要求。例如，在跨境电商客服场景中，除了考查学生的语言表达能力外，还要重点评估其处理客户投诉、解决售后问题的能力，以及在不同文化背景下的沟通技巧。这种针对性的评价标准能够确保培养出的人才真正符合行业需求。

评价机制的创新需要配套的保障措施。首先需要建立校企深度合作的长效机制，确保企业能够持续参与评价过程。其次要完善评价工具和平台建设，开发适应电商场景的评价软件和系统。再次要加强评价团队的培训，提高评价者的专业水平和评价能力。最后要建立评价结果的认证体系，使评价结果能够得到行业认可，提高评价的权威性和实用性。这些保障措施是多维度评价体系有效运行的基础，也是确保评价结果科学可靠的关键。

在实施过程中，还需要注意评价机制的动态调整和持续优化。随着电商行业的快速发展，新的商业模式和沟通方式不断涌现，这就要求评价机制能够及时更新评价标准和评价方式。例如，随着直播电商的兴起，可以增加直播场景下的商务英语应用评价；随着人工智能技术的应用，可以探索智能评价系统的开发和应用。这种动态调整机制能够确保评价体系始终与行业发展保持同步，提高人才培养的前瞻性和适应性。同时，评价机制的优化还需要建立科学的评估体系，定期对评价效果进行评估，及时发现问题并进行改进，确保评价机制的科学性和有效性。

第三节　高校与电商企业的商务英语人才培养合作机制

一、合作模式探索

在电商行业快速发展的背景下，高校与企业的商务英语人才培养合作机制呈现出多元化趋势，其中订单班、共建产业学院和横向课题研究三种模式因其独特的适用场景和协同效应，正在成为校企合作的重要实践路径。

订单班模式主要适用于企业对特定岗位人才需求明确且规模较大的场景，这种模式通过企业提前介入人才培养过程，将岗位需求与课程设置深度融合，使学生在校期间就能掌握电商运营、跨境客服、国际营销等岗位所需的专业英语能力。以某跨境电商平台与地方高校的合作实践为例，企业不仅参与制订教学计划，还提供真实业务场景下的语言服务案例，使学生在完成学业的同时获得行业认证，实现毕业即就业的无缝对接。这种模式的优势在于能够快速响应企业用人需求，缩短人才培养周期，但也存在课程体系固化、学生选择面受限等潜在问题，需要校企双方在合作过程中不断优化调整。

共建产业学院模式更适合于企业希望与高校建立长期战略合作的场景，这种模式突破了传统订单班的短期性，通过共建实体教学机构，实现教育资源的深度整合与共享。在具体实践中，产业学院不仅承担着人才培养的职能，还成为校企双方开展科研创新、技术转化的重要平台。例如，某知名电商企业与高校共建的跨境电子商务学院，不仅开设了商务英语专业课程，还设立了跨境电商研究中心，定期举办行业论坛和创新创业大赛，形成了"教学—科研—实践"三位一体的育人体系。这种模式的优势在于能够充分发挥高校的学科优势和企业的实践资源，培养具有国际视野和创新能力的复合型人才，但同时也对校企双方的管理协调能力提出了更高要求，需要建立完善的组织架构和运行机制。

横向课题研究模式则主要适用于企业面临具体业务痛点或创新需求的场景，

这种模式通过项目制运作，将企业的实际问题转化为研究课题，由高校教师带领学生团队开展针对性研究。在电商领域，这种合作模式往往聚焦于语言服务技术创新、跨文化沟通策略优化等前沿课题。以某电商平台与高校合作开展的"智能客服语言服务系统优化"项目为例，研究团队不仅完成了系统优化方案，还开发了配套的培训课程，为企业创造了显著的经济效益。这种模式的优势在于能够实现产学研的深度融合，推动理论创新与实践应用的良性互动，但也需要校企双方在知识产权归属、成果转化机制等方面达成共识，确保合作的长效性和可持续性。

从实践效果来看，三种合作模式各具特色，但又相互补充。订单班模式能够快速满足企业用人需求，共建产业学院模式有利于构建长效合作机制，而横向课题研究模式则能够推动技术创新和知识转化。在实际应用中，校企双方需要根据自身特点和需求，选择合适的合作模式或多种模式的组合。例如，某电商龙头企业与高校的合作就采用了"订单班＋产业学院＋横向课题"的复合模式，既保证了基础人才的持续供给，又推动了前沿技术的研发应用，形成了良性的人才培养生态。

在探索合作模式的过程中，还需要特别注意几个关键问题。第一是合作机制的规范化，需要建立明确的权责划分和利益分配机制，确保合作的公平性和可持续性；第二是培养方案的动态调整，要根据行业发展和技术变革及时更新课程内容和教学方法；第三是评价体系的完善，要建立多元化的评价标准，既要考查学生的语言能力，也要评估其跨文化沟通能力和创新实践能力。只有解决好这些问题，才能真正实现校企合作的互利共赢，为电商行业培养出符合时代需求的商务英语人才。

随着跨境电商的快速发展和数字技术的广泛应用，校企合作模式也在不断创新和演进。未来，虚拟现实技术、人工智能等新技术的应用将为商务英语人才培养提供新的可能，如虚拟仿真教学、智能语言训练等新型教学方式的引入，将进一步增强人才培养的针对性和实效性。同时，随着经济全球化发展的深入推进，跨境电商企业对多语种人才的需求日益增长，这也为高校的商务英语人才培养提出了新的课题，需要校企双方在合作模式上进行更多创新探索。

从长远来看，校企合作的深化不仅有利于解决企业的人才需求，也将推动高校教育教学改革和学科建设。通过建立常态化的合作机制，高校可以及时把握行业发展趋势，调整人才培养方向，提升教育质量；企业则可以获得稳定的人才供给和技术支持，增强核心竞争力。这种良性互动将有助于构建产教融合的新生态，为电商行业的国际化发展提供有力的人才支撑和智力支持。

二、协同育人机制

协同育人机制作为高校与电商企业合作培养商务英语人才的核心模式，其本质在于构建一个开放、动态、互惠的生态系统。在这个系统中，企业不再是被动的用人方，而是主动参与人才培养的共建者；高校也不再是封闭的知识传授者，而是面向产业需求的教育服务提供者。这种机制的有效运转，依赖于"企业发布需求—学生组队解决—双向反馈迭代"的项目制学习流程的精心设计与持续优化。

项目制学习流程的设计需要充分考虑电商行业的特性与商务英语人才的能力要求。企业发布的需求应当具有真实性和挑战性，既包含跨境电商运营中的语言服务痛点，如多语种产品描述优化、多元文化客服沟通策略等，也涵盖新兴领域的创新需求，如人工智能翻译在电商场景中的应用、多模态营销内容创作等。这些需求应当经过校企双方的共同筛选与提炼，确保其既符合企业的实际业务需求，又具有教育价值，能够促进学生综合能力的提升。在需求发布环节，企业需要提供详细的背景资料、预期目标以及评估标准，这不仅有助于学生准确理解任务，也为后续的反馈迭代奠定基础。

学生组队解决环节是协同育人机制的核心实践场域。在这个阶段，学生需要将课堂所学的商务英语知识、跨文化沟通技能与实际问题解决能力进行整合应用。团队组建应当遵循跨专业、跨年级原则，鼓励不同背景的学生优势互补，模拟真实职场中的协作模式。在项目执行过程中，学生需要经历需求分析、方案设计、实施执行、效果评估等完整的工作流程，这不仅锻炼了他们的专业能力，也培养了项目管理、团队协作等职场必备的软技能。为了确保学习效果，校企双方需要为学生提供必要的指导与支持，包括配备企业导师进行业务指导，安排专业教师进行学术指导，以及提供必要的资源支持。

双向反馈迭代机制是确保项目制学习持续改进的关键。这一机制应当贯穿项目始终，从初期的需求确认，到中期的方案优化，再到最终的效果评估，都需要建立畅通的反馈渠道。企业方需要及时提供专业反馈，指出学生方案的优缺点，并提出改进建议；学生则需要将学习过程中的困惑、发现的问题以及创新想法及时反馈给企业。这种双向互动不仅能够帮助学生更好地理解行业需求，也能为企业带来新的思路和创意。项目结束后，校企双方应当共同进行复盘总结，提炼经验教训，为下一轮的项目实施提供参考。这种持续迭代的机制，确保了人才培养始终与行业发展保持同步。

　　协同育人机制的落地实施需要建立完善的制度保障体系。这包括明确校企双方的权利义务，制定项目管理制度，建立质量评估体系等。在制度设计上，应当充分考虑教育规律与商业规律的平衡，既要保证项目的教育价值，又要兼顾企业的商业利益。例如，可以建立知识产权保护机制，明确项目成果的归属与使用规则；建立风险防控机制，确保项目实施的规范性与安全性；建立激励机制，调动各方参与的积极性。这些制度安排为协同育人机制的长期稳定运行提供了保障。

　　在实施过程中，还需要注重数字化工具的应用与创新。可以开发专门的协同育人平台，实现需求发布、团队组建、项目管理、成果展示、反馈评价等环节的线上化、智能化。通过数据分析技术，可以实时监测项目进展，评估学习效果，为决策提供依据。同时，可以探索虚拟仿真、增强现实等新技术在项目中的应用，为学生提供更丰富的学习体验。这些数字化手段不仅提高了协同育人的效率，也为培养适应数字经济时代的人才提供了有力支撑。

　　协同育人机制的可持续发展还需要建立多元化的评价体系。传统的单一结果导向的评价方式难以全面反映项目制学习的价值，需要建立过程性评价与结果性评价相结合、定量评价与定性评价相补充的多元评价体系。在评价主体上，应当包括企业导师、专业教师、学生自评与互评等多个维度；在评价内容上，既要关注项目成果的质量，也要重视学生在过程中的成长与收获。这种多元化的评价体系不仅能够更准确地评估学习效果，也为持续改进协同育人机制提供了依据。

　　通过这种深度协同的育人机制，高校能够培养出既精通商务英语，又熟悉电商运营的复合型人才；企业能够获得符合自身需求的人才储备，并从中发现创新思路;学生则能够在真实项目中锻炼能力,为未来职业发展奠定基础。这种多方共赢的模式,不仅推动了商务英语人才培养模式的创新,也为电商行业的国际化发展提供了人才支撑。随着数字经济的深入发展,这种协同育人机制还需要不断进化,以适应新的技术环境与商业生态,持续为行业发展注入新的活力。

第四节 高校学生商务英语能力提升的综合路径

一、语言能力提升路径

传统的语言教学模式往往将语言技能训练与专业知识割裂,导致学生在实际商务场景中难以灵活运用语言工具。内容依托式教学法(Content Based Instruction,CBI)与任务驱动法的结合,为解决这一困境提供了创新性方案。CBI强调以专业内容为载体进行语言教学,使学生在掌握专业知识的同时提升语言能力;任务驱动法则通过设计真实的商务任务,让学生在完成具体任务的过程中实现语言能力的自然提升。这种双轨并行的教学模式,不仅能够突破传统语言教学的局限,更能有效对接电商行业的实际需求。

在具体实施层面,模拟产品发布会这一教学形式充分体现了CBI与任务驱动法的融合优势。通过模拟国际电商平台的产品发布场景,学生需要完成从市场调研、产品定位、文案撰写到现场展示的全流程任务。这一过程中,学生不仅要运用商务英语进行产品描述和市场分析,还需要掌握多元文化沟通技巧,理解不同文化背景下的消费心理和表达习惯。这种沉浸式的学习体验,使学生在真实的商务语境中不断提升语言运用能力。

语言能力的提升不仅限于口语表达,更需要构建完整的商务英语能力体系。在模拟产品发布会的教学实践中,学生需要完成包括商业计划书撰写、产品说明文档制作、商务邮件往来等多项书面任务。这些任务要求学生在掌握专业术语的基础上,能够准确运用商务英语的语体特征和表达规范。例如,在撰写商业计划书时，学生需要运用规范的商务英语句式，准确表达市场分析、财务预测等专业内容；在制作产品说明文档时，则需要根据不同目标市场的文化特点，调整语言风格和表达方式。这种多维度的语言训练，有助于学生建立起完整的商务英语能力框架。

多元文化交际能力的培养是商务英语教学的重要维度。在电商全球化背景下，理解不同文化背景下的商务礼仪和沟通方式显得尤为重要。通过模拟产品发布会，学生可以深入体验不同文化背景下的商务沟通特点。例如，在模拟与日本客户的商务洽谈中，学生需要掌握日式商务礼仪，理解"建前"与"本音"的表达方式。这种跨文化交际能力的培养，不仅能够提升学生的语言运用水平，更能增强其在国际商务环境中的适应能力。

教学评价体系的创新是确保语言能力提升效果的关键。传统的语言能力评价往往局限于标准化测试，难以全面反映学生的实际商务英语运用能力。在 CBI 与任务驱动法结合的教学模式下，评价体系需要向过程性、多元化方向发展。例如，在模拟产品发布会的教学实践中，可以建立包括语言准确性、表达流畅度、跨文化适应能力、商务礼仪运用等多个维度的评价体系。同时，引入行业专家评价和企业反馈机制，使评价标准更加贴近实际商务需求。这种多维度的评价体系，不仅能够准确反映学生的语言能力提升效果，更能为教学改进提供有价值的参考。

教学资源的整合与优化是提升语言能力的重要保障。在实施 CBI 与任务驱动法结合的教学模式时，需要构建包括案例库、语料库、实训平台在内的完整教学资源体系。例如，可以建立跨境电商真实案例库，收集整理不同行业、不同市场的商务英语使用范例；开发商务英语语料库，为学生提供专业术语和常用表达的学习资源；搭建虚拟仿真实训平台，模拟真实的国际商务环境。这些教学资源的整合与优化，能够为学生提供更加丰富的学习素材和实践机会，有效提升语言能力训练的效果。

教师角色的转变与能力提升是教学模式创新的重要支撑。在 CBI 与任务驱动法结合的教学模式下，教师需要从传统的知识传授者转变为学习引导者和实践指导者。这不仅要求教师具备扎实的商务英语专业能力，还需要掌握电商行业的最新动态和实践经验。例如，教师可以通过参与企业实践、开展行业调研等方式，深入了解电商行业的实际需求和发展趋势；通过参加专业培训和学术交流，不断提升教学设计和实施能力。这种教师角色的转变和能力提升，能够为语言能力提升路径的实施提供有力保障。

通过 CBI 与任务驱动法的有机结合，高校能够构建起更加贴近电商行业需求的商务英语能力提升路径。这种教学模式不仅能够有效提升学生的语言运用能力，更能培养其跨文化交际能力和商务实践能力，为电商行业的国际化发展提供有力的人才支撑。在未来的教学实践中，需要不断优化教学设计，整合教学资源，创新评价体系，使语言能力提升路径更加完善和有效。

二、多元文化沟通能力培养

虚拟团队协作项目的设计与实施，为高校学生提供了一个沉浸式的多元文化学习环境，这种基于真实场景的实践训练，不仅能够有效提升学生的语言应用能力，更能培养其在国际商务环境中的文化敏感度和适应性。通过与海外高校联合开展案例研究，学生得以在虚拟的国际化工作场景中，体验不同文化背景下的沟通模式、决策机制和问题解决方式，这种体验式学习远比传统的课堂教学更具实效性。

在虚拟团队协作项目的具体设计中，应当充分考虑电商行业的实际需求，将项目内容与跨境电商运营、国际市场营销、全球供应链管理等专业领域紧密结合。例如，可以设计一个模拟的跨境电商平台运营项目，要求学生团队共同完成市场调研、产品定位、营销策划等任务。在这个过程中，学生不仅需要运用商务英语进行日常沟通，还要处理文化差异带来的各种挑战，如不同国家的消费习惯、商业礼仪、谈判风格等。这种沉浸式的学习体验，能够帮助学生建立起对多元文化沟通的深刻认知，培养其在多元文化环境中灵活应对的能力。

在虚拟团队协作项目的实施过程中，文化差异管理是一个关键环节。研究表明，有效的多元文化沟通不仅需要语言能力，更需要文化智能（Cultural Intelligence）的支撑。在项目设计中，可以通过设置特定的文化冲突场景，引导学生运用文化维度理论、文化适应模型等工具，分析问题、制定策略。例如，在团队决策过程中，可以模拟不同文化背景下的决策风格差异，让学生体验集体文化中的共识决策与个人文化中的独立决策之间的碰撞。这种实践训练能够帮助学生建立起多元文化沟通的思维框架，提升其在国际商务环境中的适应性和竞争力。

技术赋能是提升虚拟团队协作项目效果的重要支撑。随着远程协作技术的发展，高校可以充分利用各类数字化工具，如虚拟现实技术、在线协作平台、实时翻译系统等，为学生创造更加真实的国际化工作环境。例如，通过虚拟现实技术模拟国际商务谈判场景，学生可以在虚拟环境中体验不同文化背景下的谈判风格和沟通方式；利用在线协作平台，学生可以实时与海外团队成员进行项目讨论和文件共享，体验真实的跨国团队工作模式。这些技术手段的应用，不仅能够提升项目的实施效果，还能帮助学生掌握未来工作中可能用到的数字化工具和技能。

评估体系的建立是确保虚拟团队协作项目效果的重要保障。传统的语言能力评估往往局限于语法准确性和词汇量等表层指标，而多元文化沟通能力的评估则需要更加全面和深入的指标体系。可以借鉴欧洲语言共同参考框架中的多元文化能力评估标准，从知识、技能和态度三个维度构建评估体系。在知识维度，重点考查学生对目标文化商业惯例、社会规范的理解程度；在技能维度，关注学生在多元文化情境中的沟通策略运用和问题解决能力；在态度维度，则着重评估学生的文化敏感度和开放性。通过多维度的评估，可以更准确地把握学生的多元文化沟通能力发展状况，为后续的教学改进提供依据。

虚拟团队协作项目的可持续发展需要建立长效的校际合作机制。高校可以通过与海外知名商学院建立战略合作伙伴关系，共同开发符合电商行业需求的多元文化沟通课程体系。这种合作不仅限于学生层面的交流，还可以延伸到教师培训、课程开发、科研合作等多个层面。例如，可以建立定期的教师交流机制，促进教学理念和方法的创新；可以联合开发在线课程资源，实现优质教育资源的共享；可以开展跨境电商领域的联合研究，推动产学研深度融合。这种深层次的国际合作，能够为虚拟团队协作项目提供持续的动力和支持。

在电商全球化的大背景下，多元文化沟通能力的培养已经成为商务英语人才竞争力的关键要素。通过虚拟团队协作项目的创新设计，高校不仅能够提升学生的语言应用能力，更能培养其在国际商务环境中的文化适应力和问题解决能力。这种基于实践的能力培养模式，契合了电商行业对复合型国际化人才的需求，为高校商务英语人才培养提供了新的思路和方向。随着项目的持续优化和深化，相信能够为电商行业的国际化发展输送更多具有全球视野和多元文化沟通能力的专业人才。

第五节 高校电商商务英语人才培养的评估与反馈机制

一、评估指标体系构建

在构建高校电商商务英语人才培养的评估指标体系时，必须充分考虑语言能力、实践成果和行业反馈三个维度的有机结合，形成一个立体化的评价模型。语言测试作为基础性指标，其重要性不言而喻，但仅仅依靠传统的语言能力测试显然无法全面反映学生在真实电商环境中的综合表现。例如，BEC高级考试作为国际公认的商务英语水平测试，能够有效评估学生的商务英语听说读写能力，特别是其在商务场景下的语言运用水平。然而，这种标准化测试往往难以捕捉学生在多元文化沟通、商务谈判、营销文案撰写等具体场景中的实际表现，因此需要引入更多元化的评估方式。

项目成果评估作为实践性指标，能够弥补语言测试的不足，真实反映学生在电商环境中的综合能力。这种评估方式可以包括学生在校期间参与的跨境电商项目、模拟商务谈判、市场调研报告等具体成果。通过设置不同层级的项目任务，从基础的商务邮件撰写到复杂的市场分析报告，再到完整的跨境电商运营方案，逐步考查学生的专业能力。在评估过程中，不仅要关注最终成果的质量，更要重视学生在项目执行过程中的表现，包括团队协作能力、问题解决能力、创新思维等软实力的体现。这种评估方式能够更全面地反映学生在真实工作环境中的适应能力和专业素养。

企业评价作为行业反馈指标，为人才培养的质量提供了最具说服力的外部验证。通过与电商企业建立深度合作关系，引入企业导师评价机制，将学生在实习或项目实践中的表现纳入评估体系。企业评价不仅关注学生的语言能力和专业技能，更看重其在真实工作环境中的适应能力、职业素养和发展潜力。这种评价方式能够有效促进高校人才培养与行业需求的对接，确保教育内容与市场需求的同步更新；同时，建立常态化的企业反馈机制，定期收集用人单位对毕业生的评价，为人才培养方案的优化提供重要参考。

在具体实施过程中，评估指标体系的构建需要遵循科学性和可操作性的原则。语言测试部分可以采用标准化考试与校本测评相结合的方式，既保证评估的权威性，又兼顾学校的特色需求。项目成果评估则需要建立详细的分级评价标准，明确不同层级项目的考核要点和评分细则，确保评估的客观性和公平性。企业评价部分则要设计科学的评价量表，涵盖专业技能、职业素养、发展潜力等多个维度，并建立常态化的评价机制。

评估结果的运用是确保评估体系有效性的关键环节。通过建立评估结果数据库，对各项指标进行量化分析，可以准确识别人才培养中的优势和不足。这种数据驱动的评估方式不仅能够为教学改革提供科学依据，还可以为学生提供个性化的学习建议和发展规划。同时，评估结果应该与课程设置、教学方法改革形成良性互动，实现人才培养质量的持续提升。

在评估指标体系的实施过程中，还需要建立动态调整机制。随着电商行业的快速发展和商务英语应用场景的不断变化，评估标准也需要与时俱进。定期组织行业专家、教育专家和企业代表对评估体系进行评审和优化，确保评估指标始终与行业需求保持同步。这种动态调整机制不仅能够提高评估的针对性和有效性，还能够促进高校人才培养模式的持续创新。

评估指标体系的构建还需要考虑不同层次、不同类型高校的实际情况。对于应用型本科院校，可以适当增加实践性指标的权重，强化学生的实操能力培养；对于研究型大学，则可以增加创新性指标的比重，鼓励学生在商务英语应用研究方面进行探索。这种差异化的评估体系设计，能够更好地适应不同类型高校的人才培养定位，促进高校特色发展。同时，在评估过程中要注意避免过度量化，适当保留质性评价的空间，确保评估结果的全面性和准确性。

二、反馈方法与应用

在高校电商商务英语人才培养的评估与反馈机制中,反馈方法与应用环节扮演着至关重要的角色。这一环节的核心在于运用学习分析技术,通过数据驱动的精准评估,持续优化教学策略,确保人才培养与行业需求的高度契合。学习分析技术的引入,不仅为教学评估提供了科学依据,更为教学改革注入了新的活力。通过构建多维度的数据采集体系,教师能够实时掌握学生的学习轨迹、知识掌握程度以及能力发展状况,从而有针对性地调整教学重点,实现因材施教。

学习分析技术的应用首先体现在对学生能力短板的精准识别上。传统的教学评估往往依赖于阶段性考试或主观评价,难以全面反映学生的真实能力水平。而学习分析技术则能够通过大数据挖掘,从学生的在线学习行为、作业完成情况、课堂互动频率等多个维度,构建出立体化的学习画像。例如,通过分析学生在模拟商务谈判中的语言使用频率、词汇选择倾向以及多元文化交际策略,教师可以准确识别出学生在特定场景下的语言能力短板。这种基于数据的评估方式,不仅避免了传统评估中的主观偏差,还为教学改进提供了明确的方向。

在识别能力短板的基础上,学习分析技术还能够为教学重点的动态调整提供科学依据。通过建立学习预警机制,系统可以实时监测学生的学习进度与能力发展状况,当发现某一能力维度出现显著滞后时,系统会自动触发预警信号,提醒教师及时调整教学策略。例如,当系统检测到学生在跨境电商文案写作中普遍存在逻辑结构混乱的问题时,教师可以立即增加相关模块的课时分配,并通过案例分析、实战演练等方式强化学生的写作能力。这种动态调整机制,不仅能够有效弥补传统教学中"一刀切"的弊端,还能够确保教学内容始终与行业需求保持同步。

学习分析技术的应用还体现在对教学效果的持续跟踪与优化上。通过建立闭环反馈系统,教师可以实时获取学生对教学调整的反馈信息,并根据反馈结果进一步优化教学策略。例如,在实施新的教学方案后,系统可以通过对比学生的前后表现数据,评估教学调整的实际效果。如果发现某一教学策略未能达到预期效果,教师可以及时调整方案,尝试其他教学方法。这种基于数据的持续优化机制,不仅能够显著提升教学效率,还能够为教学创新提供源源不断的动力。

在具体实施过程中，学习分析技术的应用需要与教学实践深度融合。教师需要具备一定的数据分析能力，能够准确解读系统提供的各项指标，并将其转化为切实可行的教学策略。同时，学校还需要建立完善的数据采集与分析平台，确保各项数据的准确性与完整性。例如，可以通过开发专门的电商商务英语学习平台，整合在线学习、模拟实训、能力测评等功能，实现学习数据的全方位采集与分析。这种技术与教学的深度融合，不仅能够显著提升教学效果，还能够为人才培养模式的创新提供有力支撑。

学习分析技术的应用还需要充分考虑学生的个性化需求。在电商商务英语人才培养中，学生的背景、兴趣、职业规划等因素都会对其学习效果产生重要影响。因此，在运用学习分析技术时，需要建立个性化的学习模型，为每个学生量身定制学习路径。例如，对于有志于从事跨境电商运营的学生，系统可以重点推荐相关领域的案例分析与实战演练；而对于计划从事国际采购的学生，则可以强化其商务谈判与合同条款解读能力。这种个性化的学习支持，不仅能够显著提升学生的学习积极性，还能够确保人才培养与个人发展的高度契合。

在评估与反馈机制的构建中，还需要注重多方协同。学习分析技术的应用不应局限于教师与学生之间的单向反馈，而应该建立起包括企业、行业专家在内的多方协同机制。例如，可以通过定期组织企业导师参与教学评估，将行业最新需求与标准融入评估体系；也可以通过建立校企合作平台，将学生的学习表现与实习实践相结合，实现人才培养与行业需求的无缝对接。这种多方协同的评估机制，不仅能够确保评估结果的客观性与全面性，还能够为人才培养提供更加丰富的实践资源。

学习分析技术的应用还需要注重伦理与隐私保护。在数据采集与分析过程中，必须严格遵守相关法律法规，确保学生的个人信息安全。同时，还需要建立透明的数据使用机制，让学生充分了解数据的采集目的与使用方式，消除其对数据使用的顾虑。只有在确保数据安全与隐私保护的前提下，学习分析技术才能够真正发挥其应有作用，为电商商务英语人才培养提供有力支撑。

第六节　高校在电商商务英语人才培养中的创新实践

一、创新教学模式

在电商行业快速发展的背景下，传统的课堂教学模式已难以满足行业对复合型人才的需求，亟须探索创新性的教学模式。大规模开放式在线课程（Massive Open Online Courses，MOOCs）与小规模限制性在线课程（Small Private Online Course，SPOC）的结合，为商务英语教学提供了新的可能性。MOOCs以其开放性、灵活性和海量资源为特点，能够突破时空限制，为学生提供丰富的学习资源；而SPOC则通过小班化、定制化的在线课程设计，确保教学内容的针对性和深度。两者的有机结合，不仅能够实现教学资源的优化配置，还能有效提升学生的学习自主性和参与度。

工作坊作为实践性教学的重要形式，在商务英语教学中具有独特价值。通过模拟真实的电商场景，学生能够在导师指导下进行角色扮演、案例分析、项目策划等实践活动，将理论知识转化为实际操作能力。这种"做中学"的模式，不仅能够加深学生对专业知识的理解，还能培养其解决实际问题的能力。工作坊的设计应当注重与行业需求的对接，邀请具有丰富实战经验的电商从业者参与指导，确保教学内容的实用性和前瞻性。

混合式教学模式的核心在于实现线上与线下、理论与实践、个人学习与团队协作的有机统一。在MOOCs环节，学生可以自主学习基础理论知识，完成在线测试和作业；在SPOC环节，教师可以根据学生的学习进度和特点，进行个性化的辅导和答疑；在工作坊环节，学生则可以将所学知识应用于实践，通过团队协作完成项目任务。这种多层次、多维度的教学模式，能够有效激发学生的学习兴趣，培养其批判性思维和创新能力。

行业最新案例的整合是创新教学模式成功的关键。电商行业瞬息万变，传统的教材往往难以跟上行业发展的步伐。通过引入最新的行业案例，学生能够及时了解行业动态，掌握最新的运营模式和营销策略。案例的选择应当具有代表性和启发性，涵盖跨境电商、社交电商、直播电商等不同领域，涉及市场分析、品牌定位、客户服务等多个环节。教师应当引导学生对案例进行深入分析，培养其发现问题、分析问题和解决问题的能力。

教学评价体系的创新是确保教学模式改革成效的重要保障。传统的以考试成绩为主的评价方式已难以全面反映学生的综合能力。应当建立多元化的评价体系，将在线学习参与度、案例分析质量、项目完成情况、团队协作能力等纳入考核范围。同时，应当注重过程性评价，及时反馈学生的学习情况，帮助其不断改进和提高。评价标准的制定应当与行业需求相契合，确保培养出的人才能够满足企业的实际需要。

师资队伍的建设是创新教学模式实施的基础。高校应当鼓励教师深入电商企业实践，了解行业最新发展趋势和人才需求。同时，可以通过校企合作的方式，邀请企业专家参与课程设计和教学实施。教师应当不断提升自身的专业素养和教学能力，掌握混合式教学的设计和实施方法，能够灵活运用各种教学工具和资源。此外，还应当建立教师之间的交流机制，分享教学经验和创新做法，共同提升教学质量。

创新教学模式的实施需要学校、企业和学生三方的共同努力。学校应当提供必要的硬件设施和软件支持，营造良好的教学环境；企业应当积极参与课程建设和人才培养，提供实践机会和就业渠道；学生则应当转变学习观念，主动适应新的教学模式，培养自主学习能力和创新精神。只有三方形成合力，才能真正实现商务英语人才培养模式的创新，为电商行业输送高素质的复合型人才。

二、实践项目设计

在电商商务英语人才培养的实践项目设计中，开发跨境电商平台模拟运营和多语言广告创意竞赛等实战化教学场景，不仅能够有效提升学生的实际操作能力，还能通过模拟真实商业环境，培养其跨文化沟通与市场分析的综合素养。跨境电商平台模拟运营项目，旨在通过构建一个虚拟的全球电商生态系统，让学生在模拟的国际贸易环境中进行商品上架、订单处理、物流管理、客户服务等全流程操作。这一过程中，学生不仅需要运用商务英语进行多元文化沟通，还需结合市场细分与定位理论，分析不同国家和地区的消费习惯、文化差异及法律法规，从而制定符合目标市场的营销策略。通过这种沉浸式的学习方式，学生能够深刻理解商务英语在电商运营中的实际应用价值，同时培养其全球化视野和商业敏锐度。

多语言广告创意竞赛则侧重于语言服务在品牌传播中的创新应用。在全球化背景下，电商企业需要针对不同语言和文化背景的消费者，设计出具有吸引力的广告内容。这一竞赛项目要求学生以团队形式，围绕某一特定产品或品牌，设计多语言版本的广告文案，并结合目标市场的文化特点进行创意表达。例如，针对欧美市场，广告文案可能需要突出产品的科技感和创新性；而针对东南亚市场，则可能需要强调产品的性价比和实用性。通过这一过程，学生不仅能够提升商务英语的写作与表达能力，还能深入理解语言服务在品牌定位与传播中的关键作用。此外，竞赛的评审标准可以包括语言准确性、文化适配性、创意表现力等多个维度，从而全面评估学生的综合能力。

在实践项目设计中，高校还可以引入企业导师制度，邀请具有丰富跨境电商经验的行业专家参与项目指导。企业导师不仅能够为学生提供实战经验分享，还能帮助其了解行业最新动态和市场需求。例如，在跨境电商平台模拟运营项目中，企业导师可以指导学生如何应对国际物流中的突发问题，或如何处理跨文化客户投诉；在多语言广告创意竞赛中，企业导师则可以分享品牌传播的成功案例，并针对学生的创意方案提出改进建议。这种校企合作模式，不仅能够增强实践项目的真实性和实用性，还能为学生提供更多职业发展机会。

此外，实践项目的设计还应注重技术工具的整合与应用。随着人工智能和大数据技术的发展，跨境电商运营和广告创意设计已经越来越多地依赖技术手段。例如，在跨境电商平台模拟运营中，学生可以使用数据分析工具，对目标市场的消费行为进行深度挖掘，从而优化商品推荐和定价策略；在多语言广告创意竞赛中，学生可以利用自然语言处理技术，自动生成多语言版本的广告文案，并通过 A/B 测试评估不同版本的效果。通过将技术工具融入实践项目，学生不仅能够提升自身的数字化能力，还能更好地适应未来电商行业的发展趋势。

在实践项目的评估与反馈机制上，高校应建立多元化的评价体系，既关注学生的最终成果，也重视其过程表现。例如，在跨境电商平台模拟运营项目中，除了考核学生的销售额和客户满意度等硬性指标外，还可以通过日志记录和团队讨论等方式，评估其在项目中的沟通协作能力和问题解决能力；在多语言广告创意竞赛中，除了评审广告文案的质量外，还可以通过路演和答辩环节，考查学生的创意表达能力和市场分析能力。这种多维度的评估方式，不仅能够全面反映学生的综合能力，还能为其提供更具针对性的改进建议。

此外，实践项目的设计还应注重国际化资源的整合与利用。高校可以通过与国际知名电商平台或语言服务机构的合作，为学生提供更多国际化实践机会。例如，与跨境电商平台合作，开展跨境店铺运营实训；与数字营销平台合作，举办多语言广告创意工作坊。通过整合国际化资源，学生不仅能够接触到全球领先的电商运营模式和广告创意理念，还能在真实的国际商业环境中检验和提升自己的能力。这种国际化视野的培养，对于未来从事跨境电商行业的学生而言，无疑具有重要的职业发展意义。

总之，实践项目设计作为高校电商商务英语人才培养的重要环节，不仅需要注重实战化教学场景的构建，还需通过校企合作、技术工具整合、多元化评估和国际化资源利用等多种方式，全面提升学生的综合能力。只有这样，才能为电商行业输送更多具备全球化视野和跨文化沟通能力的复合型人才，从而推动电商国际化的持续发展。

三、教学工具应用

随着教育信息化的深入推进，传统课堂教学模式已难以满足跨境电商行业对复合型人才的迫切需求，而基于现代信息技术的教学工具则为破解这一难题提供了新的思路。其中，计算机辅助翻译（CAT）工具的实训应用，不仅能够帮助学生掌握专业术语库的构建与管理技巧，更能培养其在真实工作场景中的翻译实践能力。通过模拟跨境电商平台的产品描述翻译、营销文案本地化等任务，学生得以在虚拟环境中积累实战经验，为未来进入职场打下坚实基础。

虚拟仿真跨文化谈判平台的引入，则为培养具有国际视野的商务英语人才开辟了新的路径。这类平台通过构建高度仿真的商务谈判场景,将学生置于多元文化背景下的商务交流情境中,使其在模拟谈判过程中深刻体会文化差异对商务沟通的影响。平台内置的智能评估系统能够实时分析学生的语言表达、谈判策略运用以及跨文化适应能力,并提供针对性的改进建议。这种沉浸式学习体验不仅突破了传统课堂的时空限制,更有效提升了学生的实战能力和应变水平。

在具体教学实践中,这些创新工具的应用需要与课程体系进行深度融合。以CAT工具实训为例,教师可以设计系列化的项目任务,从简单的产品信息翻译到复杂的营销方案本地化,循序渐进地提升学生的专业能力。同时,结合跨境电商平台的实际案例,引导学生分析不同文化背景下的语言表达差异,培养其多元文化交际意识。这种理论与实践相结合的教学方式,不仅能够激发学生的学习兴趣,更能帮助其建立系统的知识体系。

虚拟仿真平台的应用则需要注重场景的多样性和任务的挑战性。通过设置不同文化背景的谈判对手、设计多变的商务情境,让学生在模拟实践中学会灵活运用商务英语知识。平台还可以引入角色扮演机制,让学生轮流担任不同文化背景的谈判代表,从而培养其换位思考能力和文化敏感性。这种多维度的训练方式,有助于学生形成全面的多元文化交际能力,为未来在跨境电商领域的职业发展奠定基础。

教学工具的创新应用还带来了评价体系的革新。传统的书面考试已无法全面评估学生的实际能力,而基于这些新型教学工具的评价体系则能够提供更加全面、客观的评估结果。CAT工具的实训记录可以反映学生的翻译质量和效率,虚拟仿真平台的评估系统则能够量化学生的谈判表现和跨文化适应能力。这些数据不仅为教师提供了科学的教学反馈,也为学生指明了改进方向,形成了良性的学习循环。

在实施过程中,这些创新工具的应用也面临着一些挑战。首先是教师角色的转变,从传统的知识传授者转变为学习引导者和项目设计者,这对教师的专业能力和技术素养提出了更高要求。其次是教学资源的整合,需要将各类工具与课程内容有机融合,设计出既符合教学目标又贴近行业实际的教学方案。此外,还需要建立完善的技术支持体系,确保教学活动的顺利开展。

随着人工智能、大数据等技术的进一步发展,电商商务英语教学工具将朝着更加智能化、个性化的方向演进。自适应学习系统可以根据学生的学习进度和特点提供个性化的学习内容，智能推荐系统则能够为学生匹配最适合的学习资源。这些技术的应用将进一步提升教学效果，培养出更多符合行业需求的复合型人才。在这个过程中，高校需要持续关注技术发展趋势，积极探索创新应用模式，为电商行业的国际化发展提供有力的人才支撑。

参考文献

[1] 张玉洁，马刚."一带一路"倡议下跨境电商语言服务人才培养模式研究[J].西安外国语大学学报，2024，32（04）：86-90.

[2] 张敏."多语种+"高职商务英语人才培养理念与实施路径分析[J].武汉职业技术学院学报，2024，23（01）：55-59.

[3] 张荣格.基于北部湾城市群经济发展的高职商务英语专业群构建研究——以服务东盟跨境电商产业链为例[J].商场现代化，2024（04）：25-27.

[4] 屠献芳.跨境电商语言服务类人才"EPMC"培养路径研究——以《商务英语》课程为例[J].才智，2024（04）：177-180.

[5] 李琴美.高职英语专业语言服务人才培养研究[J].职业教育，2023，22（35）：54-56+71.

[6] 邹幸居.数字贸易背景下商务英语教育高质量发展路径研究[J].广西教育学院学报，2023（06）：214-219.

[7] 梁耀丹.RCEP背景下广西面向东盟的跨境电商语言服务人才培养路径研究[J].老字号品牌营销，2023（09）：184-187.

[8] 王丹.吉林省口岸需求视域下应用型高校语言服务人才培养模式研究[J].教育观察，2022，11（31）：80-83.

[9] 刘春霞，甘梦珂.基于现代学徒制的跨境电子商务英语人才培养方法研究[J].校园英语，2022（30）：22-24.

[10] 阮斯媚.茂名跨境电商语言服务协同发展研究[J].上海商业，2022（04）：29-31.

[11] 郭航.跨境电商背景下英语翻译与农村电商相关性研究[J].山东农业工程学院学报，2022，39（03）：78-83.

[12] 曾晓慧，杨妍. "一带一路"背景下陕西跨境电商语言服务协同发展机制研究[J]. 才智，2022，（07）：146-148.

[13] 傅恒. "学习共同体"式跨境电商语言服务项目课程设计研究——以商务英语人才培养为例[J]. 外语电化教学，2021（03）：109-114，17.

[14] 李之松，邓鹏丽. 新时代高校商务英语专业就业状况调查与研究——以广东松山职业技术学院为例[J]. 高等职业教育（天津职业大学学报），2020，29（02）：75-79，83.

[15] 李奥华，张雪梅，张惠雯，等. 陕西跨境电商发展语言服务人才培养对策分析[J]. 新西部，2020（10）：65-66.

[16] 姚国玉，李林鸿. "双创"背景下语言服务类人才培养的思考——以商务英语专业为例[J]. 教育观察，2020，9（10）：31-32.

[17] 姚国玉. 基于语言服务需求的广东商务英语专业人才培养探析[J]. 鄂州大学学报，2020，27（01）：66-69.

[18] 姚国玉. 语言服务+跨境电商——广东商务英语专业创新创业教育新思路[J]. 安徽教育科研，2019（20）：120-122.

[19] 杨志翔，王林，曹朝洪. 中欧班列发展背景下的外经贸语言服务人才需求与培养——以蓉欧快铁为例[J]. 外语教育与应用，2019（00）：11-18.

[20] 覃月. 商务英语在跨境电子商务中的应用[J]. 传播力研究，2018，2（29）：217.